Tuneu, Tarsila e outros mestres...

ana angélica albano

Tuneu, Tarsila e outros mestres...

o aprendizado da arte como um rito da iniciação

plexus

Dados Internacionais de Catalogação na Publicação (CIP)
(Câmara Brasileira do Livro, SP, Brasil)

> Albano, Ana Angélica
> Tuneu, Tarsila e outros mestres — : o aprendizado da arte como um rito de iniciação / Ana Angélica Albano. — São Paulo : Plexus Editora, 1998.
>
> Bibliografia.
> ISBN 85-85689-43-9
>
> 1. Amaral, Tarsila do 1886-1973 2. Arte – Estudo e ensino 3. Pintores – Brasil – Biografia 4. Tuneu I. Título. II. Título: O aprendizado da arte como um rito de iniciação.
>
> 98–3843   CDD–707

Índices para catálogo sistemático:

1. Arte : Aprendizado   707
2. Arte : Estudo e ensino   707
3. Iniciação artística   707

Edição, capa e projeto gráfico
Alípio Freire
capa sobre obras de *Tuneu, Tarsila do Amaral e Willys de Castro*

Revisão
João Guimarães

Diagramação
Carla Castilho

©1998 Ana Angélica Albano
Todos os direitos reservados.
Proibida a reprodução, no todo ou em partes,
por qualquer meio sem autorização do Editor.

Direitos exclusivos desta edição reservados
pela Plexus Editora Ltda.

Av. Manoel dos Reis Araujo, 1154 – CEP: 04664-000
São Paulo – SP – Tel.: (011) 524-5301
E-mail: plexus@mandic.com.br

"Costuma-se dizer que a árvore impede a visão da floresta, mas o tempo maravilhoso da pesquisa é sempre aquele em que o historiador mal começa a imaginar a visão de conjunto, enquanto a bruma que encobre os horizontes longínquos não se dissipou totalmente, enquanto ele ainda não tomou distância do detalhe dos documentos brutos, e estes ainda conservam todo o seu frescor. Seu maior mérito talvez seja menos defender uma tese, do que comunicar aos leitores as alegrias de sua descoberta, torná-los sensíveis às cores e odores das coisas desconhecidas."

Philippe Áriès

Para Eduardo e Letícia

SUMÁRIO

PREFÁCIO	11
INTRODUÇÃO	14
MINHAS PERGUNTAS	17
pensando a iniciação artística	19
O DISCURSO DAS IMAGENS	31
TUNEU: AUTO-RETRATO	51
primeiras lembranças	53
o encontro com tarsila	56
a descoberta de wesley	65
construindo uma obra	69
os mestres da maturidade	77
o artista professor	80
O ARTISTA NO CAMINHO DO MITO	87
primeiros passos	89
o chamado para a aventura	95
o encontro com a deusa	104
a descoberta do mago	130
a obra inicia	145
DA CONSTRUÇÃO DE UMA OBRA AO ENSINO DA ARTE	153
o percurso	155
mestre	168
EPÍLOGO E AGRADECIMENTOS	179
BIBLIOGRAFIA	183
ARTIGOS E ENTREVISTAS EM JORNAIS E REVISTAS SOBRE TUNEU	187

PREFÁCIO
a estética no campo da ética

Por que alguns se entregam à iniciação artística e se submetem a todas as provas movidos pela paixão de criar? Esta é a interrogação que moveu a construção deste livro, originalmente uma Tese de Doutorado apresentada à USP em 1995. Renunciando ao propósito de desvendar o mistério da criação, ao longo dos anos, a autora registrou depoimentos de artistas sobre suas experiências com a arte e, embora a maioria desses relatos apontasse para a idéia de que "o artista já nasce artista", uma questão passou a pedir mais reflexão: qual seria a forma de relação mestre-discípulo favorável ao desenvolvimento da iniciação artística? Tomando como objeto de pesquisa um artista que admite claramente ter sido iniciado por um outro — o artista plástico contemporâneo Tuneu que reconhece como sua mestra a pintora modernista Tarsila do Amaral — Ana Angélica Albano passou a entrevistá-lo, traçando a sua história de vida artística. E como resultado descobriu que além de Tarsila, outros artistas exerceram significativa influência em sua formação: Wesley Duke Lee, Willys de Castro, Hercules Barsotti. E mais do que isso, no decorrer de todo o processo da pesquisa, a história de Tuneu (esse "Tu-que-não-é-eu" como tão bem diz a autora) se perspectiva e se abre ao porvir na figura de sua discípula: Sueli Bonfim. O trabalho de Ana Angélica acompanha esse movimento: registra o presente que vai ao passado, tornando-se futuro. Como conclui Tuneu: "o artista se cumpre naquele que é e isto quem elabora é o tempo".

Ora, o relacionamento entre artistas mediado por obras é um fenômeno observável e registrado na história da arte: desde as corporações de artesãos medievais aos criadores mais ciosos de suas identidades artísticas nos dias de hoje, o artista define-se artista através do diálogo com seus outros. No entanto, o processo de iniciação, tal como analisado por Ana Angélica Albano, revela uma *forma* de relação que vai além dos meros relacionamentos profissionais. Michel de Montaigne, entre os filósofos aquele que mais profundamente refletiu sobre a amizade no campo da Ética, pergunta: que é o amigo? E responde: "Do mesmo modo que quando queremos contemplar nosso rosto fazemo-lo olhando-nos num espelho, assim também quando queremos conhecer-nos a nós mesmos, conhecemo-nos vendo-nos em um amigo. Porque o amigo, dizemos, é um outro nós mesmos". Quer dizer, o amigo nos espelha e nos identifica. E La Boétie, amigo de Montaigne, contrapôs a amizade à servidão voluntária, escrevendo:

A amizade é nome sagrado, coisa santa: só pode existir entre gente de bem, nasce da mútua estima e se conserva não tanto por meio de benefícios, mas pela vida boa e pelos costumes bons. O que torna um amigo seguro de outro é a sua integridade. Como garantias, tem seu bom natural, sua fidelidade, sua constância. Não pode haver amizade onde há crueldade e injustiça. Entre os maus, quando se juntam, há uma conspiração, não sociedade. Não se apóiam mutuamente, mas temem-se mutuamente. Não são amigos, são cúmplices.

Analisando as diferentes etapas da vida artística de Tuneu, Ana Angélica vai penetrando nesse campo da amizade entre artistas, campo seríssimo no qual o artista vai sendo assimilado ao ser iniciado, cumprindo uma dura passagem ritual. Estabelecendo analogias entre a iniciação artística e os antigos ritos iniciáticos, ritos de passagem, de morte e renascimento simbólicos, a autora deste livro inspirado em idéias de Jung, de Bachelard e de Merleau-Ponty, conclui que o verdadeiro mestre é aquele que facilita ao discípulo a percepção e o desenvolvimento do projeto que deverá vir a ser sua obra. Em outras palavras, é a própria obra a fazer que inicia o artista e a forma de relação mestre-discípulo compatível com essa iniciação enigmática é a regida pela liberdade de ser: é *a forma da amizade* ou, mais amplamente, de um processo de tornar-se outro através do outro, num relacionamento que não é da ordem da dominação, da sedução, da inveja, mas da ordem do generoso reconhecimento do outro enquanto outro. Nessa passagem os valores estéticos estão completamente vasados por princípios éticos.

João A. Frayze-Pereira
São Paulo, Primavera de 1998

INTRODUÇÃO

> ... digamos em algumas palavras onde em nossa solidão, sem possibilidade de recorrer a sondagens psicológicas, devemos procurar os nossos documentos. Eles vêm dos livros — toda nossa vida é leitura.
>
> *Bachelard*

Sempre tive fascínio por histórias. Desde que comecei a ler, os contos, os mitos e as lendas me capturaram, e tornei-me leitora cativa. Mas as biografias e memórias estiveram sempre entre as leituras prediletas. Sempre me interessou conhecer as aventuras que transformaram personagens em heróis dignos de pertencerem ao mundo dos livros — objetos de prazer.

A lembrança mais antiga é a do encontro com Monteiro Lobato através das *Memórias da Emília*.

Seriam estas memórias, que me abriram para o prazer da leitura, que me fizeram leitora de "histórias de vida"?

Acontece que tendo encontrado um território para meus devaneios, passei a habitá-lo através de outras memórias: *Memórias de Humberto de Campos, Memórias de um sargento de milícias, Memórias de uma moça bem compor-*

tada, Memórias, sonhos e reflexões, e outras tantas, de personagens reais ou fictícios... Depois de um tempo, fui percebendo que não bastava um bom roteiro, era necessário que o som da narrativa embalasse a história. Pois é só assim, como diz Bachelard, que a leitura muda, a leitura vagarosa dá ao ouvido todos esses concertos.

Talvez tenha nascido deste modo o meu interesse pela psicologia: a possibilidade de entender como se constroem as individualidades, como são tecidos os destinos...

Além da leitura, existiu sempre o prazer do desenho: os lápis de cor e os cadernos em branco... as tintas vieram mais tarde com a transparência das aquarelas.

E assim começou este trabalho: do fascínio pelas histórias para a história do fascínio pelo desenho.

(ana angélica albano)

MINHAS PERGUNTAS

pensando a iniciação artística

MINHAS PERGUNTAS
pensando a iniciação artística

      O tema da iniciação acompanha-me há anos, guiando minhas observações, orientando minhas leituras.

      O interesse por esta questão surgiu a partir do estudo da Psicologia Junguiana e tornou-se mais presente quando, em 1983, passei a dirigir a Escola Municipal de Iniciação Artística, EMIA, de São Paulo.

      Recordo-me que, naquela ocasião, o nome da Escola causou-me estranhamento: por que Iniciação Artística e não simplesmente Educação Artística, denominação usualmente utilizada nos currículos oficiais de 1º e 2º graus?

      Compreendia que o nome procurava identificar a intenção da Escola em atender crianças que começam seu aprendizado artístico. Contudo, a idéia de uma escola para as idades iniciais, ou para quem inicia um aprendizado, intensificou minha reflexão sobre a diferença entre iniciar e iniciar-se.

      Com a oportunidade de cursar a especialização em Cinesiologia com abordagem junguiana no Instituto Sedes Sapientiae, entre 1986 e 1989, sob a orientação do dr. Petho Sandor, tive acesso a amplo material de Psicologia Analítica, que revelou-se extremamente útil para o aprofundamento de meus estudos sobre a iniciação.

Constatei que, em toda prática de caráter iniciático — seja em grupos tribais, seja em outras formas de organização social — está sempre presente o tema do sacrifício que, levando a uma morte simbólica, promove o renascimento num estágio superior de consciência.

Na iniciação o noviço deve renunciar a toda ambição e a qualquer aspiração para se submeter a uma prova. Deve aceitar esta prova sem esperança de obter sucesso. Na verdade, deve estar preparado para morrer. Apesar do grau de provação ser algumas vezes benigno (um período de jejum, um dente arrancado, uma tatuagem) e em outras doloroso (as feridas da circuncisão, incisões ou outras mutilações), o propósito permanece sempre o mesmo: criar uma atmosfera de morte simbólica, de onde vai surgir um estado simbólico de renascimento.[1]

A idéia de submissão a provas e sacrifícios não estava presente na minha forma de compreender a arte na educação. Vinha trabalhando no sentido de abrir a todos, sem provas de seleção, o acesso ao aprendizado da arte como possibilidade de desenvolverem suas potencialidades expressivas. E continuo acreditando que este trabalho é necessário e significativo.

Começava, no entanto, a me interrogar acerca das diferenças no interesse e no desempenho de alunos com as mesmas oportunidades. Há sempre os que se destacam na música, os que dominam com mais facilidade o teatro, os que se entregam com paixão ao desenho.

Fayga Ostrower no artigo *Por que criar?* ressalta a importância de compreendermos que o homem é um ser criador naturalmente, espontaneamente e não excepcionalmente. Porém admite que *os grandes artistas, reais criadores, assim como os grandes homens em geral, sempre foram escassos em todas as épocas, até mesmo nos tempos áureos de criação artística, como no Renascimento, por exemplo*. Portanto, ao apresentar o enfoque do ser humano como um ser que é natural e espontaneamente criativo, quero deixar claro que não me move nenhuma intenção de desmistificar (palavra que detesto) nem os processos de criação, que permanecem misteriosos, e muito menos os artistas criadores, que continuam grandes e profundos. Apenas ao realizarem sua obra maravilhosa eles devem ser compreendidos como expoentes máximos de potencialidades existentes em todos nós.[2]

Em Lenda, mito e magia na imagem do artista, Kris e Kurz observam: É óbvio que o alcance de nossas observações mudou um pouco desde que aprendemos a interessar-nos pelos desenhos das crianças. Contudo, com base nestes dados, é surpreendente o escasso número de crianças 'dotadas' que conseguem manter suas capacidades para lá do 'período latente' — um facto para o qual não é necessário aprofundar-se aqui. Podemos por isso deduzir que, da super-abundância de crianças dotadas, apenas umas poucas se desenvolvem como artistas. O facto de termos tal informação sobre este pequeno grupo deve-se, sobretudo, a terem sido postas em destaque, enquanto heroínas das biografias de artistas.[3]

A partir da expressão muitos são chamados e poucos os escolhidos, passei a me perguntar: por que muitos são chamados e poucos os que escolhem?

Por um lado podemos observar as inclinações naturais, os chamados talentos. Mas só o talento não explica porque alguns persistem no caminho, a ponto de comprometerem suas vidas com o fazer artístico.

Por que alguns se entregam à iniciação artística renunciando à segurança das profissões socialmente reconhecidas e se submetem a todas as provas movidos pela paixão da criação?

Somente o talento parece não ser suficiente para levar à submissão que promove a mudança de sensibilidade característica da passagem iniciática.

O que merece atenção é que, apesar da criatividade ser um atributo inerente ao ser humano, alguns poucos assumem o compromisso de criar um objeto artístico, independentemente da recompensa que possa advir deste ato.

A partir destas questões, percebi que poderia relacionar a intenção artística com a entrega iniciática, e pensar o desenvolvimento da personalidade artística como um ritual de iniciação. Sem a intenção de desvendar o mistério da criação — *mistério que deve permanecer mistério* — passei a observar com atenção depoimentos de artistas sobre suas experiências com a criação. E mergulhando em antiga vocação pelas biografias, fui recolhendo relatos, recortando e alinhavando impressões.

*O que impulsiona alguém a escolher seu próprio caminho e a elevar-se como uma camada no nevoeiro acima da identidade com a massa?*⁴

Esta pergunta de Jung, proferida em uma conferência em Viena em 1932, acompanha-me há anos, surpreendendo-me a cada leitura com diferentes aspectos da mesma questão.

As considerações que ali são apresentadas, a respeito do desenvolvimento da personalidade, serviram-me de guia para a compreensão do desenvolvimento da personalidade artística.

Jung propõe que *personalidade é obra a que se chega pela máxima coragem de viver, pela afirmação absoluta de ser individual, e pela adaptação a mais perfeita possível a tudo que existe de universal, e tudo isto aliado à máxima liberdade de decisão.*⁵ E considera que poucos conseguem desenvolver-se como personalidade, porque este é um empreendimento que só é possível se o indivíduo senti-lo como uma necessidade absoluta, cujo preço é o isolamento, porque implica, inevitavelmente, em fidelidade a sua própria lei. *A personalidade jamais poderá se desenvolver se a pessoa não escolher seu próprio caminho, de maneira consciente e por uma decisão consciente e moral. A força para o desenvolvimento da personalidade não provém apenas da necessidade, que é o motivo causador, mas também da decisão consciente e moral.*⁶

Afirma ainda, que nem a necessidade, nem a decisão são suficientes, pois muitos são os que param no meio do caminho. Existe portanto, um último fator que Jung considera determinante: *É o que se denomina designação, é um fator irracional, traçado pelo destino, que impele a emancipar-se da massa gregária e de seus caminhos desgastados pelo uso (...) Quem tem designação* (bestimmung) *escuta a voz* (stimme) *do seu íntimo, está designado* (bestimmt).⁷

Bestimmung pode também ser traduzida como vocação. Vocação

ou desígnio seria, portanto, o fator decisivo para o desenvolvimento da personalidade.

Nos depoimentos dos artistas existe sempre uma alusão à necessidade de criar, à sensação de isolamento e à existência de um destino, um chamado interior ou vocação.

Kris e Kurz, analisando as características histórico-sociais da imagem do artista, mostram que as biografias aludem, com freqüência, à existência de uma *voz interior* que leva o artista a criar:

Ao chamarmos a atenção para esta atitude, encontramo-nos de novo no ponto de partida da nossa investigação, porque a voz interior na qual reconhecemos o êxtase divino, o 'entusiasmo' dos gregos, já se fizera ouvir na descoberta de Giotto.

É em harmonia com este conceito que no Renascimento testemunhamos a prevalência da noção de que a atividade artística não é determinada pela aprendizagem, nem pela prática, mas por um dom especial. Este ponto de vista transparece na convicção de que o Artista já nasceu Artista.[8]

É a entrega a esta voz interior ou vocação que associei, então, a uma iniciação — porque implica no sacrifício de uma vida convencional, com todos os riscos daí decorrentes. Esta idéia passou a nortear minhas leituras dos relatos de artistas e, nas cartas, entrevistas e biografias, passei a procurar a expressão desta voz interior:

herman hesse

Bem-aventurado aquele que possui e permanece estável, o fiel, o virtuoso... eu posso invejá-lo. Mas perdi metade da minha vida imitando sua virtude. Eu quis ser o que não era. Apesar de querer ser poeta também queria ser um burguês... Demorou muito até eu saber que não se pode ser as duas coisas, que sou nômade, não camponês, sou alguém que procura, não alguém que guarda. Por muito tempo me mortifiquei diante de deuses e leis que para mim não passavam de ídolos. Foi esse meu erro, meu tormento, minha culpa compartilhada na miséria do mundo. Eu contribuí, aumentando-a, para a culpa e a tortura no mundo, violentando-me a mim mesmo.[9]

keith jarret
Nós precisamos encontrar o vigor, a força para sentirmos o que nós sentimos, para sermos o que somos. Aí está envolvido um pequeno sacrifício. Precisamos entregar o que pensávamos que sabíamos. Entregar é o estágio da rendição, em que o criador pode criar. Eu posso falar desta forma porque não sinto que criei esta música mais do que reconheço que surgiu inexplicavelmente e se tornou sólida.(...) Isto é um milagre e, neste dia e nesta época, precisamos dele. De qualquer forma eu preciso.[10]

chico buarque
Não faço um disco quando quero, faço quando preciso. Não sei exatamente o que dita esta necessidade. Não é uma pressão de fora, é uma pressão que eu mesmo me coloco. Não sei explicar qual a sua natureza, mas a verdade é que isso vale para todos os meus discos.[11]

joão cabral de mello neto
Você quando escreve está criando um objeto. Cria independentemente do público que vai ler o trabalho. Não escreve poesia visando o sustento. Escrevem-se poemas como poderia fazer qualquer outra atividade: ginástica, natação. Aquilo é uma necessidade, algo do qual você não pode abrir mão — e pronto. Quer dizer, a poesia é uma coisa bem mais pessoal do que social. É um uso da linguagem, que por sua vez, se trata de um instrumento social.[12]

louis begley
Sempre li muito. Isso continuou depois que me tornei um advogado bastante ocupado. Não há nenhuma ocupação que me dê mais prazer do que ler, à exceção de escrever. Escrevi meu primeiro livro (aos 56 anos) porque tinha chegado a hora de escrever. (...) Chegou uma hora que precisava escrever e esta experiência era para mim a mais forte. Tendo escrito o primeiro, escrevi o segundo para não ser autor de um só livro. Tendo escrito o segundo escrevi o terceiro para não me tornar autor de dois livros. E agora estou escrevendo o quarto...[13]

rainer maria rilke

Uma obra de arte é boa quando nasceu de uma necessidade. Neste caráter de origem está o seu critério — o único existente. Também meu prezado senhor, não lhe posso dar outro conselho fora deste: entrar em si e examinar as profundidades de onde jorra a sua vida, na fonte desta é que encontrará a resposta à questão de saber se deve criar. Aceite-a tal como se lhe apresentar à primeira vista sem procurar interpretá-la. Talvez venha a significar que o senhor é chamado a ser um Artista. Nesse caso aceite o destino e carregue-o com o seu peso e sua grandeza, sem nunca se preocupar com a recompensa que possa vir de fora. O criador, com efeito, deve ser um mundo para si mesmo e encontrar tudo em si e na natureza a que se aliou.[14]

juan miró

Desenhar era uma necessidade física para mim. Eu estava muito isolado. Ninguém me dava a mínima. Isolado demais... Sim, porque eu via além das estreitezas. Eu vivenciei esse isolamento muito dolorosamente, muito violentamente quando ainda era bem novo, bem menino.[15]

otávio paz

Quando a gente quer expressar algo muito profundo escreve um poema ou um romance, procura assim objetivar uma paixão. Em geral, a escrita nasce de uma vocação, a gente está condenado a escrever sobre certos temas. Acontece a mesma coisa com o amor, que começa com uma atração involuntária — a que a gente está destinado — e depois se converte, através do livre-arbítrio, numa forma de liberdade. Trata-se de uma questão tão antiga quanto a filosofia. Não há resposta e as respostas que encontrei me parecem igualmente insatisfatórias. Há uma relação eterna entre a palavra destino e a palavra liberdade.[16]

Com as diferenças próprias de cada personalidade e da linguagem que escolheram, músicos, poetas e pintores coincidem na livre entrega à necessidade de criar que configura seu destino de artista. Suas observações indicaram as pistas que me encorajaram a aprofundar os caminhos que me conduziram aos processos de iniciação.

A idade parece não ter maior importância: Miró sentiu o impulso para criar ainda menino, enquanto Begley começa a escrever aos 56 anos. Mas ambos sentem que têm que atender ao 'chamado' e se submetem. O não atendimento à vocação é sentido por Hesse como uma falta: *Eu quis ser o que não era. Apesar de querer ser poeta também queria ser burguês. (...) Foi esse meu erro, meu tormento, minha culpa compartilhada na miséria do mundo*. E Jarret fala do sacrifício envolvido, *do estágio da rendição em que o criador pode criar.*

Refletindo sobre o processo de iniciação do herói, Campbell escreve: *o herói é o homem da submissão autoconquistada. Mas submissão a quê? Eis o enigma que hoje temos de colocar diante de nós mesmos. Eis o enigma cuja solução, em toda parte, constitui a virtude primária e a façanha histórica do herói. (...) O professor Toynbee utiliza os termos 'separação' e 'transfiguração' para descrever a crise por intermédio da qual é atingida a dimensão espiritual mais elevada que possibilita a retomada do trabalho da criação. O primeiro passo, a separação ou afastamento, consiste numa radical transferência da ênfase do mundo externo para o mundo interno, do macrocosmo para o microcosmo, uma retirada, do desespero da terra devastada, para a paz do reino sempiterno que está dentro de nós.*[17]

Considerando que meu centro de interesse é o ensino da arte e que meu ponto de partida foi a constatação de diferenças de desenvolvimento em alunos com as mesmas oportunidades, passei a me perguntar: é possível, no caso das artes, propiciar a iniciação através da relação com um mestre?

Em diferentes práticas de caráter iniciático, encontramos a presença de um mestre responsável pela introdução do discípulo nas disciplinas que este deverá dominar para a obtenção do grau de iniciado. Estudando as iniciações xamânicas em diversas partes do mundo, Eliade descreve que após a eleição estática ou chamamento, *o neófito é devidamente iniciado por um velho mestre.*[18]

Uma vez que a maioria dos relatos aponta para o fato de que *o*

Artista já nasce Artista, existiria a possibilidade de um mestre ser capaz de desencadear a iniciação artística? Pois também encontramos artistas que foram desencorajados por experiências negativas com seus professores e precisaram se afastar deles para conseguirem produzir.

Paul Klee escreve em seus diários: *Soava muito bem ser aluno de Stuck. Na verdade, porém, não era tão esplendoroso quanto parecia. Ao invés de abrir todo o meu poder de compreensão, levei comigo milhares de dores e preconceitos. Custava-me avançar no trabalho com a cor. (...) É claro que eu não era o único a apresentar uma deficiência no domínio da cor. Mais tarde, em sua monografia sobre essa escola, Kandinsky chega a julgamento semelhante. Se esse professor me tivesse mostrado a essência da pintura tão claramente como mais tarde a conheci, depois de me aprofundar cada vez mais nos meus domínios, talvez eu não tivesse me encontrado numa situação tão desesperadora.*[19]

Em *O artista e o artesão*, Mário de Andrade considera: *... que a arte na realidade não se aprende. Existe é certo, dentro da arte um elemento, o material, que é necessário pôr em ação, mover para que a obra de arte se faça. O som em suas múltiplas maneiras de se manifestar, a cor, a pedra, o lápis, o papel, a tela, a espátula, são o material da arte que o ensinamento facilita muito pôr em ação. Mas nos procedimentos de movimentar o material, a arte se confunde com o artesanato. Pelo menos naquilo que se aprende.*[20]

A tarefa do professor se restringiria, então, apenas à transmissão dos segredos do artesanato? Ou haveria uma forma de relação mestre-discípulo propícia à iniciação na arte?

Neste momento, percebi que fazia-se necessário buscar um artista que admitisse ter sido iniciado por outro, acreditando que aprofundando o olhar na direção de sua relação com o mestre poderia encontrar pistas que me auxiliariam a compreender os caminhos da iniciação artística. Porém, são muitos os caminhos da arte e muitos são os artistas. Era preciso, então, delimitar o campo, ajustar o foco, encontrar um artista, traçar um roteiro.

Em primeiro lugar, decidi trabalhar com um artista plástico em função de minha própria formação na área, o que me permitiria maior intimidade e identificação com a linguagem. E dentre os artistas plásticos com reconhecida expressão no campo, escolhi, por razões diversas, o pintor contemporâneo Antônio Carlos Rodrigues, Tuneu.

A primeira razão da escolha de Tuneu e, talvez, a mais importante, foi a peculiaridade de sua formação. Ele não teve nenhuma formação acadêmica, nunca freqüentou Escola de Arte ou Universidade e considera sua mestra a pintora modernista Tarsila do Amaral, relação que iniciou ainda menino.

Outro critério que influiu na escolha foi a disponibilidade do artista em se entregar a este estudo, apoiado — com certeza — na confiança de um relacionamento de amizade que compartilhamos por mais de 20 anos.

E, ainda, a oportunidade de observar Tuneu em sua primeira experiência como professor, pois naquela época (julho de 1990), ele estava iniciando suas aulas na Escola Municipal de Iniciação Artística, EMIA, de Santo André.

Tinha, portanto, a possibilidade de observar o nascimento e o desenvolvimento de um processo de ensino de arte, orientado por um artista sem vínculos (e sem os vícios!) anteriores com a educação formal.

Iniciei a pesquisa em julho de 1990, e prossegui por quatro anos, com observações semanais das atividades de Tuneu (de julho de 1990 a dezembro de 1992), visitas periódicas ao seu ateliê e entrevistas pessoais.

Em fevereiro de 1993, gravei as entrevistas nas quais focalizei, especialmente, a história de sua vida artística. Foram realizadas, inicialmente, quatro entrevistas com intervalos regulares de uma semana entre elas. Estas, depois de transcritas, suscitaram novos depoimentos que me permitiram acrescentar detalhes e corrigir questões que, porventura, estivessem mal formuladas. A partir desse material, procurei sintetizar uma narrativa que tivesse uma organização mais temática do que propriamente cronológica, e que intitulei: *Tuneu: auto-retrato*.

Durante o período da pesquisa, aconteceram duas exposições

individuais do artista: *A história de dois quadrados*, na Casa do Olhar em Santo André, em 1992, e *Ode* no Gabinete de Arte Raquel Arnaud, em 1993; que tive oportunidade de acompanhar, desde o processo de criação até a montagem final.

Devo mencionar, ainda, que tive acesso aos seus arquivos de reportagens, críticas e fotos, assim como ao seu acervo pessoal. Assim, baseando-me não apenas em entrevistas mas em observações e documentos do próprio artista, pude percorrer, acompanhada por ele, todo o desenvolvimento de sua obra.

Foram realizadas, também, entrevistas com Sueli Bonfim, artista jovem que Tuneu reconhece como sua discípula.

REFERÊNCIAS BIBLIOGRÁFICAS

1. HENDERSON, J. L. – Os mitos antigos e o homem moderno, in JUNG, C. G. – *O Homem e seus Símbolos*, Rio de Janeiro, Editora Nova Fronteira, 1977, p. 131.
2. OSTROWER, F. – Por que criar?, *Fazendo Artes*, nº. zero, Funarte, Rio de Janeiro, 1983.
3. KRIS E. & KURZ, O. – *Lenda, mito e magia na imagem do artista*, Lisboa, Editorial Presença, 1988, p. 37.
4. JUNG, C. G. – op. cit., p. 181.
5. JUNG, C. G. – op. cit., p. 177.
6. Idem, p. 179.
7. Idem, p. 181.
8. KRIS E. & KURZ, O. – op. cit., p. 52.
9. HESSE, H. – *Transformações*, Rio de Janeiro, Editora Record, s/d, pp. 82, 83.
10. JARRET, K. – *Spirits*, ECM, 1983.
11. MASSI, A. – Chico Buarque completa 50 anos amanhã, *Folha de São Paulo*, São Paulo, 18/6/1994.
12. COSTA, R. – Entrevista com João Cabral de Mello Neto, *Revista Veja*, São Paulo, Abril Cultural, 1992.
13. CARVALHO, B. – O escritor que se atrasou – Sai no Brasil o segundo livro de Louis Begley, *Folha de São Paulo*, São Paulo, 19/6/1994.
14. RILKE, R.M. – *Cartas a um jovem poeta*, Porto Alegre, Editora Globo, 1978, pp. 24/ 25.
15. MIRÓ, J. – *A cor dos meus sonhos: Entrevistas com Georges Raillard*, São Paulo, Estação Liberdade, 1992, p. 16.
16. MILAN, B. – Sob o domínio de Eros: Otávio Paz, que fez 80 em março, fala sobre seu novo ensaio: "Chama dupla", *Folha de São Paulo*, 19/6/1994.
17. CAMPBELL, J. – *O herói de mil faces*, São Paulo, Cultrix/Pensamento, 1993, p. 26.
18. ELIADE, M. – *El Chamanismo y las técnicas arcaicas del éxtasis*, México, Fondo de Cultura Economica, 1960, p. 10.
19. KLEE, P. – *Diários*, São Paulo, Martins Fontes, 1990, pp. 59/60.
20. ANDRADE, M. – *O Baile das 4 artes*, São Paulo, Livraria Martins Editora, 1963, p. 11.

O DISCURSO
DAS IMAGENS

Neste capítulo apresentamos nas páginas ímpares em ordem
cronológica, oito trabalhos das diversas fases de Tuneu — centro
deste estudo —, tendo sempre ao lado (páginas pares) reproduções
de obras daqueles que ele, em seu depoimento, reconhece enquanto
artistas brasileiros que teriam marcado sua trajetória em diferentes
momentos: Tarsila, Wesley, Willys e Barsotti. A última imagem
reproduz uma aquarela de Sueli Bonfim, sua discípula.
O discurso/leitura que propomos (uma possibilidade entre infinitas)
visa traduzir em imagens, através das sucessivas aproximações,
as inquietações e questões suscitadas por este livro. (n.e.)

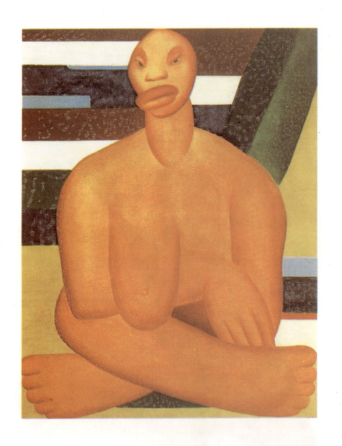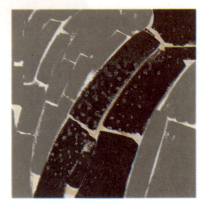

II

III

IV

V

VI

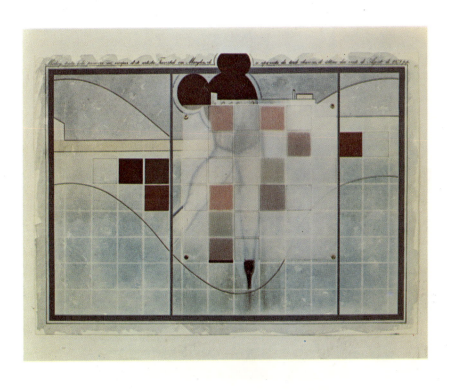

VII

VIII

IX

X

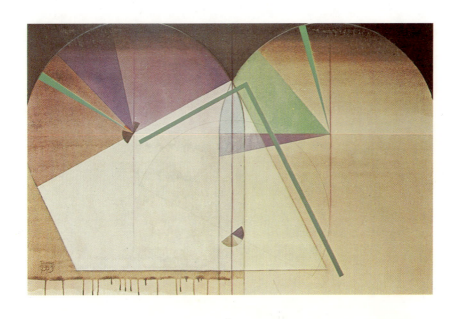

XIV

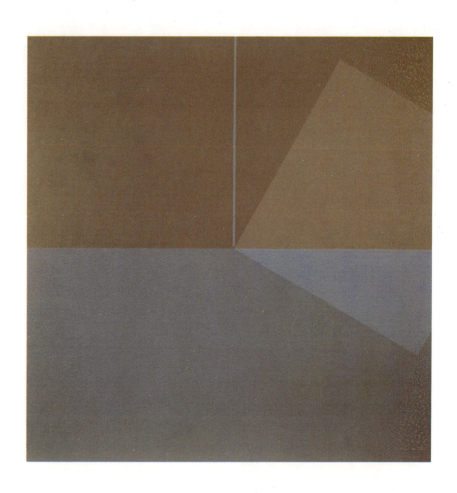

XV

XVI

ÍNDICE DE OBRAS

I – Cartaz da primeira exposição individual de Tuneu (1971)

II – *A negra* – Tarsila (1923) óleo s/ tela
Detalhe de *A negra*
Detalhe de trabalho de Tuneu (na pág. III)

III – *Preto e branco* – Tuneu (1974) tinta acrílica s/ tela

IV – *Anjos* – Tarsila (1924) óleo s/ tela

V – *S/ título* – Tuneu (1977) técnica mista s/ papel

VI – *A zona: a vida e a morte* – Wesley (1965) pastel, guache, frotagem e montagem s/ papel

VII – *Os sonhos de Mickey* – Tuneu (1979) técnica mista s/ papel
Detalhe do trabalho

VIII – *Palmeiras* – Tarsila (1925) óleo s/ tela
Detalhe de *Palmeiras*
Detalhe de trabalho de Tarsila (na pág. X)

IX – *S/ título* – Tuneu (1980) acrílico s/ tela

X – *O touro (boi na floresta)* – Tarsila (1928) óleo s/ tela
Detalhe da obra abaixo
A lua – Tarsila (1928) óleo s/ tela

XI – Da série *Relógio de sol* – Tuneu (1983) acrílico s/ tela

XII – *Paisagem com vagão de trem* – Tarsila (1924) aquarela e nanquim s/ papel

XIII – Da série *Ode* – Tuneu (1993) aquarela s/ tela
Detalhe da obra acima
Detalhe do trabalho de Tuneu (na pág. XV)

XIV – Da série *Proposição emblemática* – Barsotti (1981)
tinta acrílico-vinílica s/ tela colada s/ estrutura de duratex e madeira
Pintura – Willys (1957) óleo s/ tela
Detalhe da obra ao lado

XV – Da série *História de dois quadrados* – Tuneu (1996) tinta acrílica s/ tela

XVI – *S/ título* – Sueli (1995) aquarela s/ papel

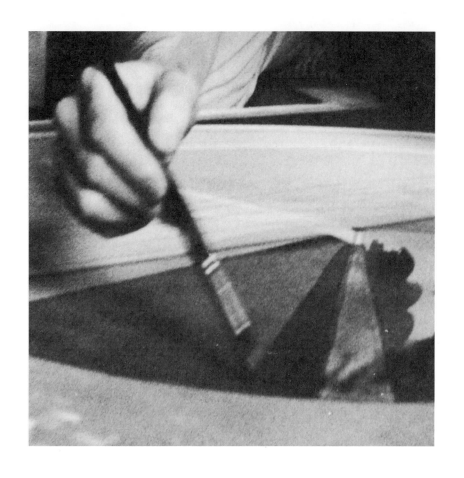

TUNEU:
AUTO-RETRATO

primeiras lembranças

Minha lembrança mais antiga relacionada à minha atividade artística é uma coisa de infância. Foi quando eu consegui desenhar umas fileiras de bandeirinhas cruzadas no ar, como se fossem uma perspectiva. Conseguir passar esta noção visual com cinco anos me deixou muito espantado. Foi uma descoberta! Eu acho que nós aprendemos coisas, mas quando experimentamos é diferente. É descoberta!

Na arte, a descoberta é fazer. E não teorizar. Não é falar sobre perspectiva, é representar, fazer uma perspectiva. E eu acho mesmo que a criança — aliás, principalmente a criança — precisa experimentar.

Eu penso que, para o artista, o importante são as descobertas. Vai-se descobrindo o universo da arte, os seus fascínios e tudo o mais...

O velho fica ranzinza porque sabe muito. A descoberta para ele já não tem aquela explosão da juventude. Mesmo quando descobre coisas, ele já tem uma consciência do percurso. Por isso, as descobertas da maturidade não são tão explosivas. É uma coisa mais natural. Vai-se descobrindo como uma seqüência de descobertas naturais. Então, existe a idéia de que os velhos não se emocionam... É mentira! É que eles têm uma compreensão do percurso das coisas, o que diminui a expectativa da descoberta.

Não estou dizendo que as descobertas das crianças sejam mais válidas. Não tenho mais aqueles desenhos das bandeirinhas para saber o que eu tinha visto. Se eu tivesse, talvez, descobriria que não estava descobrindo nada tão sensacional... eu não sei!

É a mesma coisa quando a criança colore. Colore para fora, mas está tudo perfeito para ela. Tem um domínio absoluto do discurso, uma total convicção. Na minha memória de certas borboletas que eu enchia de cores, eu me lembro de que eram de uma perfeição absoluta, uma coisa genial. Vai saber se eram?!

Adorava colorir. Engraçado: o que vem mais forte na lembrança é uma borboleta, que é uma coisa comum. O que eu procurava — me lembro claramente — era fazer as asas iguais. E repetir, tentar fazer a coisa simétrica.

Lembro que, desde criança, já era muito preocupado em prestar atenção na semelhança das duas asas. Engraçado... Porque até podia ser uma diferente da outra, mas eu queria que fossem iguais.

Acontece que eu vinha de um contexto específico. As expectativas de uma época são diferentes das de outra. E disto eu estou convencido.

A minha formação era uma coisa muito rígida. Nada estava suficientemente perfeito. Lembro de um traço muito forte do meu percurso de formação, uma das coisas que mais gravaram, foi que houve muita cobrança, em vez de haver possibilidades.

Eu tinha irmãos mais velhos, que já eram adultos quando nasci. Havia muita cobrança por parte de todos, era muito difícil. Então, muito cedo, comecei a perceber que de algum modo tinha que me livrar disto e, inconscientemente, comecei a elaborar uma fuga destas coisas. E chegou um momento, quando pude andar com minhas próprias pernas, que resolvi cuidar de uma outra maneira das minhas coisas.

Não sei avaliar, hoje, se eles estavam certos ou errados. Não importa, não é esta a questão. A questão era como isto mexia comigo. O que poderia ser libertação para outra pessoa, para mim era uma prisão. Eu não sei julgar através dos outros, sei julgar através das minhas sensações. Mesmo que elas estivessem erradas. Mas eu não sei... a gente paga um preço para ver, não é? Paga para ver.

Da infância, a lembrança mais forte mesmo é a da insistência nesta coisa de criança de fazer festa junina, e aqueles fios se cruzando no ar. Eu tinha cinco ou seis anos, e me lembro da importância desta descoberta. As borboletas vieram mais tarde...

Desenhar era uma coisa muito pessoal, mas depois as pessoas realmente achavam muito bom o meu desenho.

O interessante é que a criança tem um impulso de desenhar ininterruptamente, enquanto ela não se manifesta de outra maneira, por exemplo, enquanto não escreve. Eu acho que isto é uma coisa comum. Mas depois que aprendi a escrever, não fiquei contente de só escrever. Preservei as duas coisas. Incorporei a escrita naturalmente, mas, para mim o desenho não deixou de ser um veículo também. É claro que, quando aprendemos a escrever, estamos em outra etapa e, depois, na adolescência, em outra diferente. Outros interesses vão surgindo e aparecem enfoques diferentes no desenho.

Mas o que acho curioso no meu percurso de adolescente, que vejo hoje, é que o meu interesse pelo desenho era diferente dos outros adolescentes. O que me vem à memória é que os meus amigos estavam interessados pelos quadrinhos, pela ilustração, que para mim não eram tão interessantes. Quando eu via um quadro, por exemplo, eu entendia aquilo. Aquilo ressoava de alguma maneira. E a ilustração não ressoava. São questões muito diferentes. Hoje sou capaz de ver isto. Mas naquele momento eu não tinha esta clareza. Só não me interessava pelo que os outros se interessavam. Uma pintura ressoava de uma maneira muito mais poderosa que uma ilustração ou um quadrinho.

Eu desenhava muito. E desenhava bem mesmo. Eu tinha uma facilidade tremenda para fazer ilustrações, trabalhos de escola para os colegas: fazia o retrato do Leonardo Da Vinci... Ficava copiando tudo, fazia bichos para as aulas, e fazia tudo com o pé nas costas, em três minutos. Eu já conseguia uma soltura, fluía bem.

As pessoas percebiam que eu sentava, e aquilo vinha, e tudo isso era muito valorizado. Não para eu ser artista. Eles viam um show e gostavam. Mas quando se decide ser artista, a sociedade não gosta; porque não se pode ser artista — artista é coisa para fim-de-semana! Eu ouvi isso.

Quando, um belo dia, eles perceberam que eu estava levando o desenho muito a sério, falaram: *Não, você tem que estudar, e pintar nos fins de semana!*

Eles queriam reduzir tudo a amenidades, ao virtuosismo, coisas que para mim não tinham o menor sentido. Não me interessava minimamente em fazer aqueles shows de adolescente que eu fazia. Principalmente quando eu via aqueles quadros da Tarsila e outras coisas... Eu pensava: *aí tem uma coisa mais poderosa que um show de habilidades!* Porque tudo era tomado como circo mesmo, como habilidade; mas depois, quando aquilo é visto tomando conta da sua vida, você não pode realizar! Há uma reação muito forte. As pessoas reagem porque subvertemos uma ordem burguesa de percurso de vida. E subvertemos mais quando optamos por sexualidade e por nossos sonhos. Aí vamos subvertendo, subvertendo e viramos uma coisa. No contexto social que tem uma expectativa de sucesso, a opção de ser artista é difícil. Você está vendo a dificuldade que hoje, com 45 anos, eu tenho para sobreviver. Mas prefiro isso do que ter sido qualquer outra coisa. Eu estou aqui e não em qualquer outro lugar. E tenho a impressão que para um adolescente da minha geração, quando não existia uma faculdade de artes plásticas, era muito mais difícil estudar arte.

Em casa havia uma biblioteca bem razoável, muito livro sobre pintura do século XVII e XVIII. E eu já tinha contato com a pintura modernista através de um irmão da Tarsila, que era vizinho da minha mãe. Ele tinha alguns quadros da Tarsila e, como eu era muito amigo do filho dele, desde os 10 ou 11 anos, eu estava vendo aquelas pinturas. Nós éramos muitas crianças brincando naquela casa e todos podiam ter se interessado pelos quadros. Mas só eu me interessei.

o encontro com tarsila

A memória mais antiga que tenho da Tarsila vem do tempo em que eu tinha três ou quatro anos. Mas quando começamos a falar de arte eu devia ter uns 12 anos de idade.

No quarto do meu amigo, o sobrinho dela, havia um grande quadro-negro e nós sempre estávamos desenhando. Um dia ela viu um desenho meu neste quadro e perguntou de quem era. E foi aí que começou o assunto, aí mudou tudo. Ela começou a me ver de outra maneira e passamos a ter um contato contínuo. Ela me convidou para ir aos sábados ao seu ateliê, e mostrar os meus desenhos. E foi quando eu me senti realmente estimulado a desenhar...

É difícil falar de aprendizado quando as coisas se dão espontaneamente. Não tem o que não seja aprendizado. É uma coisa total.

Quando estamos na frente de alguém que é, assim, um mestre, é como um pai. Dá uma coisa total. O mestre também é mestre quando está jantando com você. Não tem muita fronteira. Não tem quando estamos aprendendo e quando não estamos. É uma coisa contínua. Assim, qualquer gesto é um aprendizado e fica muito difícil falar quando eu estava, e quando eu não estava aprendendo.

Quando comecei a freqüentar o ateliê da Tarsila, foi engraçado: toda a família começou a ficar preocupada com a minha intenção artística. Porque, é claro, que não podia ser artista. Podia ser artista diletante, mas não um profissional. Hoje percebo que havia muitos discursos subliminares, onde se dizia que eu devia me preocupar com uma formação.

Acho que nada disso foi por acaso, ela não estava por perto por acaso.

Hoje percebo que é muito difícil assumir uma postura de artista. Eles sentiam que a arte tinha uma predominância, uma força muito grande para mim. E obviamente havia uma tentativa de me demover.

Era uma avalanche de coisas sem serem faladas, emocionais, muito violentas. Porque, na realidade, é muito duro as pessoas deixarem as outras serem elas mesmas.

Se fosse para escolher uma formação, a mais próximo do que eu queria, era arquitetura. Mas eles queriam um advogado, ou dentista talvez. Então, desisti.

A arte já era uma coisa tão natural que, com 15 anos, percebi que não tinha volta. Uns percebem isto com 40 anos, eu percebi com 15 e não acho que era diferente do que é hoje para mim.

O que permeia a minha postura é a mesma coisa. E esta coisa não tem retorno.

Não sei o que me movimenta, não sei se existe uma coisa que me movimenta. Nunca me preocupei em saber.

A Tarsila era, para mim, uma pessoa que tinha um poder muito grande, um rigor tão grande, uma honestidade tão grande... Uma pessoa que tinha um desenvolvimento de desenho e um rigor... Eu faço pintura geométrica e tenho a certeza que não sou nem a metade da rigorosa que ela era, nem a metade!

Ela era uma pessoa que tinha critérios e fundamentos que vinham de uma formação cubista. Tarsila foi estudar com Léger. Fez um percurso desde Pedro Alexandrino e foi para Paris, para a Academia Julian. O atrevimento da Academia Julian, naquela altura, era um certo impressionismozinho — na década de 20! — quando já havia Picasso e o cubismo já tinha produzido tanto! E ela foi descobrir o cubismo depois de 20. Mas era uma decorrência lógica, como o cubismo foi uma decorrência do próprio impressionismo.

Os modernistas eram de uma qualidade ética, no nível da formação, como se vê muito raramente. Respeitavam muito o *métier*. Pelo menos, foi o que sempre me passou, via Tarsila. Eram éticos com as pessoas. É claro que não conheci o Di, muito menos o Portinari. Conheci o Di pessoalmente, mas nunca imaginei ter um contato de ateliê, de ver o processo dele. Nesta época ele já era muito ranzinza, não tinha muita paciência com ninguém. E tratava mal as pessoas, imenso de gordo, respirando mal, fumando charutos, não tinha paciência de falar com ninguém...

Na formação artística é muito importante a possibilidade de conviver, de estar instalado na aura de um artista. O Wesley conta que quando ele conheceu o Ezra Pound, ele ficou paralisado, não conseguia falar. E saiu satisfeito só de ter estado *instalado na aura do Ezra Pound*.

Existe todo um mecanismo que não tem discurso que explique. É uma coisa acima. É uma coisa da alma humana. É estar instalado numa situação, numa energia específica que age sobre o mundo de uma certa maneira.

O que eu tinha com a Tarsila era uma convivência muito grande, muito intensa. Havia uma compreensão mútua. Estas coisas não se explicam, eu não saberia explicar. Seria interessante poder ver nós dois juntos...

Os artistas são pessoas que têm uma magia. Uma ação que é mágica, alquímica, transformadora. Então, estar ao lado de uma pessoa assim e perceber sua intuição agindo é uma coisa que não se explica. Era isso que acontecia mais do que qualquer outra coisa. Tarsila sabia disso, e nós nos víamos, uma ou duas vezes por semana, durante mais de 10 anos. Foi como aquela coisa oriental que o discípulo fica junto com o mestre, até dando banho, indo junto aonde ele vai. Não é preciso aprender no sentido acadêmico. É necessário estar instalado numa situação, onde o silêncio é tão importante quanto a ação.

O mais importante é que ela não me limitava a isso. Saí, fui ver outras coisas, me interessei por outros negócios e tudo era bem aceito. Isto é muito generoso, muito raro.

Na época, ela vivia muito isolada, convivia muito pouco. O Di Cavalcanti e a Guiomar Novaes eram vivos — e houve até um encontro entre eles, que foi documentado no jornal. Havia encontros muito esporádicos. O Di já era muito impaciente e ranzinza, mas a Tarsila não. Ela era muito otimista, muito feminina, sensível, aberta, generosa...

Aprendi isso, espelhei-me no exemplo, literalmente. E para isso não é preciso ir a uma aula de desenho.

Ela pintava muito pouco naquela época. Nos últimos anos ela fazia um esforço, mas não tinha rendimento, estava muito limitada fisicamente. Mas estudava inglês. Dizia que precisava aperfeiçoar o inglês e estava sempre estudando alguma coisa. Era uma pessoa que estava sempre querendo saber mais. Falava seis línguas — inclusive o inglês — e achava que precisava aperfeiçoar. Imagine, com quase 90 anos, e querendo mais!!! Isso é uma pessoa que está viva. Estava com uma dificuldade imensa, limitadíssima, mas com uma vitalidade muito rara. Ela era uma pessoa muito rara, muito simples, muito comovente.

Lembro, quando fomos à retrospectiva dela no MAC, a Araci fez uma palestra no auditório, que estava lotado. Quando entramos, as pessoas se levantaram e aplaudiram em pé. Ela se vira para mim, que estava do lado e diz: *Mas tudo isso é para mim?* E eu pensei: como ela não prevê isso? Como ela não tem expectativa da ressonância do seu trabalho?

E as palmas eram evidentemente para ela. Então, percebo que ela era uma pessoa que viveu sem estar preocupada, sem estar calculando passos na vida. Ela viveu e fez!

A formação dos modernistas era muito abrangente: eles nunca pensavam limitadamente. Eram muito disponíveis. Hoje nós não temos isso, as coisas estão muito especializadas. Eles tinham outra abordagem do mundo. E isto é muito lindo.

Pintei com a Tarsila poucas vezes. Quando comecei a me interessar pela aquarela, foi uma coisa que experimentamos mais ou menos juntos. Na realidade, coloríamos gravuras dela — que eram provas descartadas —, ela mexia e eu mexia naquelas gravuras... era uma coisa que não ia ser guardada. Não fiquei com nada disso. Não sei que destino teve.

Nunca trabalhei muito com óleo, mas aprendi com ela a ver o mecanismo da tinta, a transparência. A tinta óleo tem uma riqueza muito grande embora, hoje, não me interesse nem um pouco. Mas é um prazer!

Geralmente, ela me deixava produzir e depois, então, elaborávamos intelectualmente em cima do que eu havia feito. Ela concordava ou não, mas eu sempre tive o meu espaço. Era tratado de igual para igual. Ela me chamava de colega de trabalho. Imagine, eu era um moleque e era um colega de trabalho! Isso é muito raro. As pessoas, de um modo geral, sobem na cátedra e olham o resto do mundo. Eu nunca vivi isso. Sempre fui tratado como colega de trabalho, e a partir daí as possibilidades são infinitas.

Mas a maior parte do tempo eu produzia autônomo, e toda semana discutíamos a minha produção. Eu trabalhava em cima de sugestões que ouvia, que não eram leis. Ela me mostrava aspectos do que ela via, e como ela entendia. Ela mostrava experiências: diluir aqui... deixar mais denso aqui... aqui precisa soltar a mão... ou aqui precisa organizar mais. E a partir disso eu começava a enxergar e partia de novo para o trabalho, levando em conta — às vezes não — e discutindo por que não, e voltava de novo e mais discussão...

É claro que isso teve um rendimento. Às vezes eu ia, às vezes não ia... mas isso durou muitos anos: 10, 15 anos... até ela morrer.

Ela falava que a pintura é boa quando viramos de cabeça para baixo e ela não cai. Então começou a me falar de composição, e nós ficávamos virando quadro de cabeça para baixo para mostrar a abstração, a relação estrutural. Assim, começou a me mostrar toda a questão mental da pintura. Porque o cubismo é uma coisa mental também.

Ela possuía uma visão mental da pintura, via cubismo. Um quadro dela, se tinha um azul aqui, o azul estava também ali e o amarelo... Quer dizer, tinha uma leitura. E leitura eu aprendi desde criança. Aprendi a ler um quadro, que é uma questão fechada em si mesma. Porque um quadro é um quadro. Não é a realidade. Mesmo quando retrata a realidade, mesmo se a pintura é acadêmica, a realidade é um pretexto.

Tarsila sempre me mostrava isso através do que eu fazia. Nunca veio com um modelo, nem se impôs como modelo. Tive desse modo a liberdade da opção individual, o que me instigava. Ela nunca disse: Seja você. Ela me deixou ser. Não ficou falando, não ficou explicando. Depois de um tempo é que fui entender que tipo de pessoa ela era, que simplesmente me deixou ser... Mas isso levei um tempo para perceber...

Eu precisaria ser Proust para narrar o ambiente ou o ar que se respirava em torno dela. Conheci o Souza Lima. Eles tiveram uma vivência na França quando jovens... conheci a Dulce, a filha dela. Havia todo um contexto em volta, o visual, tudo muito denso, uma coisa que marca para sempre. Tudo isso daria horas de uma narrativa proustiana. É uma maneira de ser, de viver, de ser educado... Eles tinham uma outra relação com o tempo, uma disponibilidade, um ritmo de gente que viveu em fazenda, diferente dos demais mortais... Passam-se 20 ou 30 anos e você começa a perceber estes ritmos, e a mudança de tudo. Para mim, garoto, era bonito experimentar este fim de época, fim de século XIX, que era esta maneira de abordar a vida, de ter um ritmo específico, mais humano, uma medida mais lenta, mais disponível, mais sem pressa. Eu era garoto e ainda vi isto. Aqueles cafezinhos intermináveis depois do almoço, uma coisa que rendia... Ficava-se na mesa mais e mais, principalmente nos fins de semana. Era uma forma de vida que ainda existia no final dos anos 50. Principalmente eles, que eram maduros — a Tarsila devia estar com 70 anos — e viveram o fim de século ainda crianças, mas viveram... Imagine o que significava a década de 10, ou mesmo a de 20! Era gente que vinha de outra realidade. E era bonito conviver com gente que dava tempo às coisas, sem a urgência desesperada que se viveu depois dos anos 60. Vivemos uma ânsia muito grande em todos os âmbitos. Então, conviver com este outro ritmo — na infância e na adolescência — marca demais, é uma coisa muito poderosa.

Para mim, que tinha a mente tão livre e limpa de informação, estas imagens estão arquivadas. Estas imagens da formação estão muito mais gravadas porque o filme era novo. Na minha memória, tudo isso tem uma impressão muito forte e muito, muito mais forte do que o que veio depois. Persiste com uma nitidez maior porque, quando criança, também estamos neste ritmo. A criança tem outro nível de preocupação. Naquela época eu não precisava de muitas coisas, tinha uma pureza, uma abertura, e tudo o que a retina grava fica na memória para sempre. É muito forte. É uma foto muito bem feita, não acaba rápido, não desbota rápido. O que vem depois já tem uma leitura mais rápida, porque tem que namorar, tem que pagar telefone, não tem tempo, então a retina fica menos preocupada em reter, muda o ritmo. Mas, com 10 anos, ver um quadro da Tarsila, ir ao MASP... é muito forte!

Fui ao MASP sozinho, a primeira vez, com 12 anos. Tomei o bonde sem contar para ninguém. Se soubessem, me matavam. Naquela época um garoto de 12 anos não podia ir sozinho ao centro. Mas eu ia sem contar para ninguém, ninguém sabia.

Entrei e andei sozinho. Não ia ninguém naquele museu. Tinha um "gato pingado" aqui, outro ali. Tomei prazer. Aquilo ficou meio uterino. Era na 7 de Abril, no segundo andar dos Diários Associados. Era um ambiente para dentro, todo fechado. O MASP hoje tem aquela coisa para fora, mas antes era diferente. Era um contato muito forte, mesmo que eu não entendesse certas coisas. Estar na frente de um Rembrandt com 12, 13, 14 anos é fundamental. Hoje sou capaz de entender como aquela pintura é feita, tenho uma leitura. Tenho outro repertório de informação, que abrange muito mais coisas. Sei que azul é aquele. Mas com 12 anos, é fundamental o contato. Não importa o azul, não importa a química. Isto vem depois. Mas era um ambiente transformador para mim. Às bienais também eu ia e via aqueles trabalhos...

Eu ia sozinho mesmo. Na escola consegui um ou dois amigos que trocavam alguma coisa, que tinham interesses até parecidos, mas que se diluíram com o tempo. Um ou dois em anos... é muito pouco. Então, para ir ao museu eu escapava sozinho e ia do Sumaré até a 7 de Abril e voltava. Tudo durante o dia, é claro! Ninguém sabia que eu tomava o bonde e ia para a cidade. E foi muito importante, porque já havia exposições temporárias. De tempos em tempos encontrava coisas novas.

Os encontros constantes com a Tarsila me davam um parâmetro. Ela quase não saía de casa porque já não andava. Eu ficava só contando, levava os catálogos todos, ela via e fazia seus comentários. Era superengraçado, superbonito. Mostrei para ela Rauschenberg, por exemplo. E quando ela viu aquilo disse: *Isso é dadá, dadá revisto, mas dadá — sem dúvida!*

Tarsila era a grande referência, me fazia falta não estar com ela. Com ela, eu organizava minha impressão do mundo. Comecei a ver Klee e nós discutíamos tudo.

Era a grande referência, a grande mãe e tudo o que você quiser. Tudo era levado para ela. Eu circulava, estava aberto, via tudo que era possível, livros, exposições. Todas as possíveis e imagináveis.

Minha ação era toda visual. Como ia ver tudo, era uma avalanche de informações. E de repente comecei a ver o que era meu, e o que não era meu internamente.

Tarsila era uma pessoa de personalidade muito forte. Ela dizia sem dizer. Esta é uma coisa que fui perceber mais tarde. É coisa de mestre. O Wesley fala disso lindamente. Ele diz que *O mestre é aquele que mostra e esconde*. Deixa o outro procurar. Não precisa falar muito, revela.

Quando ela discordava, era discretamente, polidamente, muito elegante. Quando eu estava pintando só em preto e branco, ela falava muito discretamente que gostava de trabalhar com a cor. Ela não gostava muito de arte abstrata por uma questão de formação, e eu sempre impus minha opção pela abstração. Nós também nos desafiamos com o mestre. Com o mestre podemos ter um desafio.

Na realidade, nós tínhamos uma relação de mestre e discípulo. É uma coisa que não se fala, é uma coisa implícita. Depois de um tempo, um espera certas coisas do outro. A abstração não era preferência dela, e o que mais me interessa é a abstração.

Mas acima de tudo, eu me interessava pelo seu modo de vida. Pela sua maneira de ser, a pessoa que ela era, não só a artista. A pessoa que ela era também me deu elementos. Tarsila tinha 50 ou 60 anos mais do que eu, mas ela conseguia uma coisa que era muito interessante. É uma coisa dos artistas, da maioria dos artistas: não perder nunca a criança de vista. Percebo que o artista nunca perde a criança de vista, a criança dele. Ou perde menos. Está mais aberto para a criança, porque o risco da arte é uma coisa infantil, essencialmente. Quer dizer — estar sempre experimentando — e o experimento é infantil. Quando as pessoas dizem que não sabem desenhar, é simplesmente porque não estão em contato com a sua criança interna. Senão elas não dizem isto: elas simplesmente desenham. Acho que o artista preserva isso. Porque este impulso é o que faz arriscar, jogar para frente, errar e tratar o erro. O que considerar erro numa situação.

Então, me lembro que a Tarsila, com 70 anos, se divertia com as coisas. Nós olhávamos um quadro dela e víamos, por exemplo, aquele pezão. Ela passou a vida rindo do pezão do *Abaporu*. Ela dizia: *Que coisa absurda aquele pezão e, em compensação, tem uma cabecinha minúscula!* E havia um quadro (que o Gilberto Chateaubriant comprou) que era um garoto com umas frutas no meio do mar, num barquinho. E ela dizia que era um absurdo ele caber naquele barquinho com um tronco tão grande. E ria muito. Achava a coisa mais engraçada. Lembro disso ser sempre muito divertido. Ela me mostrou a foto, porque na época ela não tinha mais o quadro.

Eu me via diante de uma pessoa que era mágica, porque fluía, fluía... e fazia parte da vida dela criar magia. Porque a arte pode tudo. Chagall fez pessoas voarem, outros fizeram pessoas de todas as cores possíveis, porque lidam com o imaginário e com a transformação... Jogam a gravidade no lixo. E nela eu via muito esta coisa de criança: o fascínio por tudo, pela roupa, pela qualidade das coisas... Tudo isso é criação, faz parte do mecanismo criativo. Somos criativos até quando penduramos a toalha no banheiro. É uma maneira de ver o mundo externo. E tudo vai se misturando sem esforço...

a descoberta de wesley

Eu estava vendo muitas exposições, mas a grande descoberta para mim foi quando entrei na exposição do Wesley, em 64, na Galeria Atrium. Aquilo foi uma coisa fantástica. Era a antítese de tudo que eu estava tendo como formação. Revolucionou minha cabeça. Talvez não fosse realmente a antítese, porque se me fascinou tanto, é porque alguma ressonância tinha para mim. Eu pegava o jornal e lia aquela ebulição toda, e as pessoas falando que ele era um cara alucinado. O importante é que o Brasil estava num mormaço e o Wesley apareceu questionando tudo. As pessoas não sabiam como lidar com isso. Houve uma reação monumental. Mas não reagi assim. Queria saber o que era isso que soava para mim tão fortemente. E através do tempo — e conhecendo o próprio Wesley — comecei a perceber que o que me interessava, entre outras coisas, é que ele não desenhava necessariamente o nu: ele estava trabalhando o feminino. Nos anos 60 ele dizia que estava mexendo com um tabu para os homens, que era mexer com o feminino. Ele não tinha espaço nenhum, foi uma coisa complicada. Simplesmente foi tachado de pornográfico.

Mas o que acho que bate mais fundo em mim é o fato de eu lidar com o feminino de outra maneira. O meu feminino está em ação através da minha sexualidade, e talvez eu não precisasse desenhar mulheres, ligas e fetiches. O que me atrai nele, provavelmente, é que uma coisa que passa pela minha vivência, está ali totemizado. Talvez seja, mas não importa. O que importa é que ele é um artista fundamental na minha formação. Porque ele vinha de um percurso extremamente contrário ao meu. Eu estava tendo uma formação cubista, naturalmente, por causa da Tarsila. O que ela me passava era todo um critério de pensamento e uma maneira de abordar o mundo que vinham de um percurso pessoal dela. De repente, dou de cara com um fulano que vem de um expressionismo muito forte, sem perder de vista o dadaísmo e o surrealismo, pelos quais ele era fascinado. A década de 60 é a consagração da *pop art*. E a *pop art* era — entre outras coisas — um dadá revisitado e reelaborado. Que é um percurso parecido com o do Wesley. Então, de um lado eu tinha o cubismo, e de outro o dadaísmo. Ou, de um lado o Picasso e de outro o Duchamp — embora o Wesley desse muito valor ao desenho, que o Duchamp desprezava.

Wesley era um homem que tinha um lado contestador, irônico. As notícias que me chegavam eram de um cara louco, que tinha uma liga pendurada na porta do ateliê e que havia morado nos Estados Unidos. Eu tinha algumas referências por pessoas que conheciam e achavam um absurdo aquilo. Absurdo uma pinóia! Achei o máximo. Achei uma virada completa.

Quando fui à primeira exposição dele, eu não esperava nada. Não sabia praticamente o que esperar. Fui ver e fiquei absolutamente atônito, porque vinha de encontro a algo com o qual me identifiquei imediatamente. E o que aconteceu foi o seguinte: eu fui todos os dias! Fui ver o Wesley todos os dias, porque queria entender mesmo aquilo tudo. Penso hoje que foi realmente uma cisão. Mantenho um percurso cubista, mas acho que se eu fizesse um trabalho figurativo, eu faria *wesleys*. Apesar de valorizar tanto o meu percurso quanto o dele, dou muito valor ao imaginário que o trabalho dele proporcionou.

Meu percurso é cubista, porque o que mais me interessa é a estruturação e não a fragmentação. Na realidade, eu levo o caos na rédea, porque não me interessa o caos pelo caos, não me interessa uma pintura expressionista abstrata. Porque não gosto da emoção pela emoção, nem da arte pela arte. Arte tem que ter um projeto. Historicamente, o expressionismo abstrato nos Estados Unidos teve um sentido fantástico de liberação. Foi muito importante, é muito importante. Mas não me satisfaz só a emoção. Neste sentido eu sou cubista. Braque dizia: *Eu amo a regra que corrige a emoção*.

Fui ver o Wesley todos os dias porque ele contém este caos. A proposta dele, a consciência que ele tem de autoconhecimento é uma coisa de rédea curta. O Wesley fala que seu trabalho é autoconhecimento. Não discuto. Não que eu não esteja em busca de autoconhecimento, mas talvez não saiba verbalizar isso como ele. Este lado intelectual me deixa atônito, porque o que vi no seu trabalho foi a emoção sendo contida. No trabalho dele, 90% é a ânima. Ele fala com propriedade, porque tem domínio absoluto de um percurso. Por isso ele se expressa daquela maneira. Mas para mim é diferente, porque no meu primeiro momento de formação eu tive a ânima, a Tarsila, a mãe. Eu tive a mãe — a ânima — numa pessoa. Não fui buscar a ânima numa mulher, na companhia. Fui buscar na mãe.

Tenho a impressão que, acima de tudo, o que me fascinou no Wesley é o fato de ele tratar de uma questão pessoal com uma liberdade tão completamente absoluta, que não estava preocupado se as pessoas iam achar isso ou aquilo. Ele não ficou no caderninho de anotações. E o trabalho dele é uma coisa que para muita gente não passaria de uma anotação. É preciso ter coragem para isto. É preciso abrir um espaço muito grande, não é tão simples assim. O interessante é que eu tinha 14 anos quando conheci o trabalho dele. E foi um impacto tão grande que não dá para descartar. Ao contrário de muita gente, não fico matando os meus pais. Eu os respeito, e eles passam a fazer parte de um percurso, de uma vivência.

Acho que, aos 14 anos, ser pego pelo estômago por um cara, marca para sempre. Não faço *wesleys*, nunca fui aluno dele, mas tem dados ali que me dizem respeito, muito fortemente. Nunca posso deixar de falar nele, mesmo que não tenha tido uma relação de discípulo, de aluno dele. Eu desenhava muito naquela época. O Wesley me influenciou, embora eu nunca chegasse a fazer uma coisa explicitamente figurativa. Acredito que, até agora, aparece no meu trabalho um certo percurso que vem de todo este contato. Embora eu seja, em essência, uma pessoa mais interessada na abstração do que na figura, talvez quisesse fazer com a abstração o que o Wesley fez com a figura.

Hoje, com 45 anos, depois de uma certa fase, é que vou me percebendo no meio disso tudo. Estou amadurecido e enxergando minha verdadeira individualidade dentro deste universo. De uns anos para cá estruturou-se um trabalho muito mais meu — digamos; não importa mais o fascínio pelo Wesley. Importa uma coisa interna, pessoal. Importa como aquilo ressoou internamente. Porque é evidente que ressoou, senão não teria ficado fascinado. Como também sou fascinado pela pintura da Tarsila. Entendo perfeitamente — não sei porque — mas entendo todo o trabalho dela. Tem muito mais liberdade no *Abaporu* do que em muita pintura abstrata. E, no entanto, é uma coisa de um rigor, de uma estrutura, de um pensamento muito elaborado. Aliás, tudo nela era muito elaborado. Muito mais do que em mim. A ponto dela trabalhar seis meses numa tela, cobrir de branco e recomeçar outra vez, porque achou que não estava bom. Seis meses em um quadro!!! Ela fazia estas coisas e eu ia vendo isto...

Meus trabalhos de 65, 66 e 67 têm muito do Wesley, entre aspas. Não com aquela abordagem tão figurativa, mas com uma ótica e um certo rigor semelhantes ao dele. Além do mais, eu já vinha sendo formado num rigor. O cubismo é uma coisa extremamente rigorosa na escola, e acho que foi libertário para quem inventou. E aprendi as coisas através de uma artista que passou pelo cubismo, apesar do trabalho dela não ser necessariamente cubista.

Mas não me interessaria repetir nem a Tarsila, nem o Wesley. Há sempre dados que são recolhidos de um e de outro. O meu percurso oscila bastante. Eu já trabalhei com formas muito mais fluidas e, de repente, isso vai se estruturando. Isso já se repetiu. Foi cíclico. Eu tenho pelo menos dois ciclos completos passando de uma coisa livre para uma estrutura. Na realidade, eu sou também fruto de um outro momento e outras influências, onde eu era espectador. Por mais que eu tenha me envolvido com um e com outro, eu estava fora do processo, era espectador. Nós não admiramos uma pessoa por acaso, mas porque ela mexe com coisas que são nossas. Mesmo que observemos a vida artística de uma pessoa, estamos do lado de fora. Não é o nosso próprio processo criativo. Estamos diante do trabalho, mas *o artista vem quando todos vão embora*, como diz o Wesley. Eu estava olhando, e com 14 anos é muito forte o impacto, marca muito.

Eu continuava vendo a Tarsila. Continuei até ela morrer. Eu tinha então 27, 26, 25 anos — não me lembro a idade que eu tinha. O contato era diário ou semanal. Eu falava destas coisas que via. Comecei a conhecer o Wesley e me impus um pouco. Quando me apresentaram a ele, eu já estava um pouco mais velho. Quatro ou cinco anos depois daquela exposição. Eu comecei a ir ver o Wesley e, de fato, ele tinha uma casa aberta. Eu ia, mostrava trabalhos, ele comentava. Chegou a ver muitas coisas minhas. Nós conversávamos muito, mas — é óbvio — que não me interessava fazer *wesleys*.

Hoje a informação é muito grande, podemos fazer tudo. Quem sabe até eu possa me tornar um artista figurativo — se eu achar que devo. Mas aí — sim — eu corro o risco de fazer *wesleys*. Certamente não vou fazer — embora seja um perigo. Mas quero estar disponível, o que, aliás, é uma coisa do próprio Wesley: levar as coisas às últimas conseqüências. Porque isto, para mim, é uma liberdade completamente desproporcional. Talvez esteja chegando a hora. Não sei, não importa. Eu quero estar disponível para não achar que as pessoas esperam de mim determinadas coisas, que tenho que ter um determinado estilo.

A Tarsila estava dentro da casa dela falando que eles, os modernistas, eram malucos. Eu ouvia muitas histórias dela e do Oswald. Ela me dizia: *Nós éramos malucos*, mas com o Wesley eu vi o maluco. Vivi uma maluquice qualquer. Ela contava que o Oswald comprou o primeiro carro que apareceu com cinzeiro. Era a grande novidade. Eles saíam à noite, de madrugada, pela Consolação *em desabalada carreira*. Mas com o Wesley e outros artistas com os quais convivi, eu vi um maluco concreto, de perto.

Os modernistas eram história. Falava-se que eles experimentaram cocaína na década de 20. Eu ouvia. Com o Wesley, eu sei o que foi para ele experimentar droga. Eu sei de fatos, eu vivi. Estou falando da minha vivência. E o Wesley faz parte da minha vivência num outro nível. A Tarsila — para mim — era a Tarsila. Ela me contava histórias, eu ouvia histórias, mas eu não conheci o Oswald. É muito lindo: são duas maneiras. É um percurso de 80 anos, desde a década de 10, desde Anita Malfatti. Um percurso que passa por Segall, Ismael Néri, Di Cavalcanti — que já eram história naquela época.

a arte vem da arte.

Hoje o mundo está cada dia mais visual, absurdamente visual. Quando eu tinha 15 anos, não havia nem um décimo da visualidade que há hoje. Então, a inserção do trabalho do Wesley, naquele momento, teve um poder e uma influência enormes sobre mim. Acho fundamental a aparição de uma pessoa como Wesley no contexto que vivíamos no Brasil.

construindo uma obra

As Bienais eram muito interessantes, porque eu me via frente a três mil obras, quadros, esculturas, um universo fascinante a cada dois anos. Naquela época isso era muito forte, criou uma dinâmica em São Paulo. Não conheci as primeiras bienais, mas da VII à XXI já é muita coisa. Participei de três ou quatro delas. Tive a possibilidade de me confrontar internamente com tudo isso, desde os 19 anos de idade.

Eu tinha 19 anos quando um trabalho meu foi aceito na VIII ou IX Bienal. Nesta idade se arrisca tudo. Porque — é engraçado — se a idade traz maturidade, traz também restrições. As pessoas nos inserem num lugar, e não percebem que às vezes isto nos impede de agir. Acham que somos muito importantes. Que importantes que nada! Aí perdemos oportunidades. Mas com 19, 20, 21 anos é lindo, porque podemos transitar. Somos ainda expectativa para tudo. Então, abrem-se espaços.

Foi o máximo ser aceito na Bienal! Eu ia toda hora olhar e babar. Eram uns desenhos coloridos, bastante cheios de *wesleys* — mas enfim!... tinham uma força engraçada. São trabalhos que ainda guardo comigo.

Era uma Bienal muito tumultuada — porque foi muita gente participando, e tivemos a possibilidade de questionar muitos aspectos. Foi muito interessante, mas muito difícil. Acontece que minha geração foi vítima de uma circunstância horrível: na década de 70, era um perigo fazer sucesso. Porque qualquer sucesso significava pactuar com o sistema. O artista de sucesso era identificado com o sistema. Isto foi um erro, foi burrice. Havia muita patrulha e isto limitou muito. Eu acho que a minha geração perdeu muito espaço em muitos aspectos, inclusive no nível internacional. O que não aconteceu com a geração 80. Eles têm um espaço imenso. Estes meninos estão expondo em Amsterdã e onde eles querem. Formaram-se guetinhos muito poderosos, com uma linha muito definida, uma coisa muito européia como classificação das coisas. Quer dizer: os que desenham linhas pretas sobre fundo branco formam um guetinho; os que fazem escultura com cinzeiro, outro guetinho... Eu fico olhando isso tudo e não pertenço a essa função, a esse mecanismo alucinado...

Entrar na Bienal naquela época foi uma experiência fantástica. Muita gente começou a me olhar. Conheci muitos artistas brasileiros a partir do momento que comecei a mostrar, e também artistas estrangeiros. Na Bienal de 71 acho que tive uma representação boa. Era uma sala, que foi pré-selecionada. Houve discussões internas — que depois eu cheguei a saber: o júri se dividiu e quis me dar prêmios. Mas havia uma política local, os premiados já estavam definidos. A parte internacional do júri forçou um prêmio para mim que não foi possível, em função dos poderes de pessoas que tinham que articular um prestígio local.

A Tarsila achava tudo normal. Ela achava normal eu participar da Bienal, fazia parte de um percurso. Achava que eu estava crescendo e até me abria espaços. Embora os espaços que — às vezes — ela queria me abrir, eu não quisesse. Porque, muitas vezes, ela estava ingênua para o contexto em que se vivia. Era um momento muito diferente do que a Tarsila tinha vivido. Eu respeitava, nem explicava — porque o momento era outro e aconteciam coisas que ela não entendia. A minha primeira exposição — que considero — foi a da Ars Mobile em 71 — se não me engano. Mas eu já tinha feito uma individual, tipo farra.

Na exposição da Ars Mobile eu já era Tuneu. Foi quando percebi que já havia uma individualidade ali, e não mais aquela efervescência da formação. Há uma coisa inteira quando você fala: *Tem alguém aí!*

É interessante a oportunidade de entrar na sua própria exposição como se ela não fosse sua. Porque, finalmente, aquilo tem toda uma independência de você mesmo. E mesmo que você não queira, você também é um espectador. Pode delirar até quanto quiser, mas você também é espectador de uma produção sua: aquilo existe, está ali, independente. É claro que você sabe como foi feito. Você não é um bom espectador ou mero espectador — vamos falar assim. Mas está ali como espectador, está se vendo. Está olhando para uma coisa que, eventualmente, por acaso, foi você quem fez. É muito importante. Faz você andar e saber: errei aqui, acertei ali. Isso no seu parâmetro de certo e errado. Eu acho que a exposição dá esta clareza. Retirar do ateliê e levar para a neutralidade de um espaço de galeria ou museu. Indo para o neutro, o trabalho fica impessoal e existe a possibilidade de perceber até que ponto resiste neste espaço impessoal. Pode-se, então, perceber um percurso armado num espaço de um, dois ou três anos.

Eu comecei a expor muito cedo. Era um cara de pau total. Pintava um salão, eu mandava: queria saber, queria botar para fora, fazer circular. Não me lembro a data, acho que 65, 66... eu já estava num salão. É engraçado porque eu queria me ver. É claro que com 18 anos cometemos erros crassos, porque não estamos inteiros. Mas é interessante, faz parte de um aprendizado, mesmo que ainda não levemos isso em conta. Também é formação. Temos que pôr para fora de algum modo.

 Hoje percebo que não houve um momento em que eu resolvi ser artista. Foi uma coisa que veio fluindo, tomando conta. Quem estava preocupada com isso era minha família. Mas não teve jeito e eu estou correndo os riscos. Eles acharam uma pena, uma desgraça total. Então resolvi me sustentar. Consegui um empreguinho e logo em seguida (em 1970) eu fui trabalhar na TV Cultura. Tinha dinheiro para sobreviver e para comprar papéis e o que fosse possível. Em vez de fazer coisas de 1 metro por 1 metro, eu fazia de 10cm por 10cm — mas fazia. Fazia em papel — se não pudesse comprar tela. Não importa: o Klee também fez trabalhos pequenos e resolveu a vida e mudou a vida de todo mundo. O Klee é o Klee hoje. Hoje é fácil saber quem é Picasso, quem é Klee, quem é Volpi. Não importa, não é este o problema. O Volpi também trabalhou a vida inteira no fundo do quintal lá no Cambuci, e fez o que fez. Ele tinha uma mesa, três pincéis, e fazia as próprias telas. O importante é querer fazer. Precisa querer. Existe algo que move o artista numa direção e, mesmo sem saber qual, ele vai. Mesmo sem entender o que o move — mas move — e ele vai e faz, e faz daquilo uma continuidade; faz daquilo um projeto; faz daquilo uma vida. Arrisca, porque não importa se vai ser alguma coisa. O Volpi nunca pensou se ia ser Volpi. As pessoas não premeditam se vão ser quem elas são... Mas o que aconteceu com muitos amigos meus é que eles foram para instituições. E ficaram escondidos atrás das teses, atrás dos cursos, justificando inclusive a falta de trabalho. E estes também não me perdoam. Mesmo para estes eu sou uma ameaça.

 Muita gente vai se esconder atrás da instituição, que tem uma hierarquia. É a formação que está dentro de nós. E no fim dá um certo consolo familiar saber que estamos dando umas aulinhas. Assim, pelo menos, eles acham que estamos salvos. Não estou querendo criticar a academia. Ao contrário, me interessa a academia: mas de outra maneira. Interessa-me à medida em que possa atuar efetivamente. Acho que pode, está tudo lá, mas não sei o que é que impede, que não deixa a academia ter uma ação. Porque entramos numa escola de arte e não vemos nenhum quadro nas paredes. Para mim não dá, acabou! O meu caminho não foi através de uma escola. Não importam os defeitos, o que eu aprendi ou o que não aprendi. O que importa é o que faço com as minhas idéias e com o meu repertório. E é claro que vou ser aceito aqui e não ali. É natural. E não estou aqui para agradar a todo mundo.

Penso que a arte construtiva é derivada do cubismo. Não haveria Mondrian sem o cubismo. Na década de 70 eu já era — bem ou mal — uma pessoa formada. Eu não ia fazer cubismo. O que mais me atraía no percurso cubista era a arte construtiva. Conhecia bastante bem o trabalho de todos eles: da Lígia Clark, do Amilcar de Castro... Já sabia quem eram e o que estavam fazendo, o Willys e o Barsotti.

Era muito atrevido, já que era considerado — pela Tarsila — um colega de trabalho, eu achava que era colega de trabalho de outros. E o que acontecia nessa época, era que os ateliês das pessoas eram abertos, e qualquer um ia. Hoje não existe mais esta relação, é raro. Os ateliês eram abertos, as pessoas recebiam pessoas...

Eu ia ao ateliê do Wesley, do Walter Lévy, do Aldemir Martins, os opostos mais absurdos: para ver, para conversar, freqüentar e participar. Aquilo era uma efervescência, as pessoas não tinham medo umas das outras, eram menos competitivas. Eram efetivamente colegas de trabalho. Porque não existiam escolas, não existia a universidade de arte, esta coisa que veio a existir depois, e na qual, na realidade, a mentalidade da ditadura militar ainda está presente. Se observarmos, a própria universidade não é aberta. Cobra uma hierarquia, como se estivéssemos num quartel. Tem todo um critério que eu não invalido, mas invalido as torres de marfim em que se transformaram. Quer dizer, ficou impossível às pessoas terem acesso. Diz-se que a universidade é de graça. É de graça uma pinóia! Para entrar custa muito dinheiro, custa muito sacrifício. Eu até poderia ter encarado esta, mas era muito preguiçoso e tinha que sobreviver. Mas não sei se teria agüentado, é difícil prever isso. Na realidade, cada pessoa tem um tempo para fazer isso. Para mim, não era aos 20 anos. Tenho certeza absoluta que não ia tolerar.

Eu estava produzindo muito, em contato com a Tarsila e outras pessoas. Estava numa coisa de vida, de abraço, de afeto com as pessoas. Ninguém estava numa torre de marfim e achando que eu era menos ou mais. Eu era um colega de trabalho, caramba!

Ia ao centro da cidade, e encontrava o Ubirajara nos botecos bebendo e me sentava. O Bira bebia conhaque como água mineral. Era aquela coisa absurda. Eu o via completamente atravessado numa mesa e me sentava. Eu andava com umas canetinhas que tinham acabado de surgir — as primeiras hidrográficas — então muitas vezes nós desenhávamos juntos. Eu colocava um papel na mesa, ele de um lado com um conhaque, eu do outro lado com uma Coca-Cola, e desenhávamos. Desenhávamos no mesmo papel, um interferindo no desenho do outro. Acho que guardei isso. Era uma coisa de vida para mim. Eu me sentia vivendo. Era impossível ir para a escola fazer um trabalho de semiótica. Ia para a rua, encontrar as pessoas, ou ia à casa delas e via processos de trabalho. Através do tempo vi, por exemplo, a produção do Wesley que acompanhei durante anos. Ia sempre lá, e pude perceber os mecanismos, uma continuidade que vira obra e que vira o artista. Quer dizer, um artista se transforma através da continuidade da sua obra. O pintor de um só quadro não é um artista, é uma pessoa que pintou um quadro. Não importa questionar a obra de ninguém, mas o percurso. A pessoa, pelo percurso, é um artista — e basta. Não precisa mais... e estas coisas não se aprendem na escola. Fui vendo artistas fazerem suas obras.

Entrava no ateliê do Wesley e ele abria gavetas para me fazer partilhar, e me dava aqueles cadernos para ver: *olha isso, olha aquilo*. Isto é generosidade.

Tem uma pessoa que eu respeito profundamente que é o Aldemir Martins. Posso questionar o que ele produz hoje, mas respeito. Porque é uma pessoa que tem uma riqueza e uma generosidade fantásticas. Cada vez que vou ver o Aldemir, ele me dá uma folha de papel, porque ele pensou em mim. Eu quero isso. Pode ser do Aldemir, de quem for. Quantos pinceizinhos dona Tarsila do Amaral me deu, não sei. Tem pincéis aqui no ateliê que são dela. Não sei quais são e nem quero saber, porque senão vou fazer disso um totem. E não quero. Eu vivi isso. Eles fizeram isso comigo. E não é pela mistificação que a coisa funciona. Não sei! É algo mais espontâneo, mais vivo.

Conheci os alunos do Wesley: o Baravelli, o Nasser, o Fajardo e o Zé Rezende — que acompanhei um pouco. Freqüentei a Escola Brasil como visita. Passava para tomar um café. Mas nunca fui aluno: nem deles, nem do Wesley, nem de ninguém. Só freqüentava e me orgulho de ter freqüentado. Foi uma coisa que tinha uma dinâmica que me interessava. Era uma coisa de estar jogado na ação destas pessoas, percebendo como é. Fui aprendendo na batalha. Hoje poderia eventualmente fazer um curso. Mas com o tipo de vivência dos 20 anos, a universidade seria uma asfixia. O contrário do que ela deve ser. O que me choca é entrar na ECA (*Escola de Comunicação e Artes – N.E.*), como muitas vezes entrei, e não ver nenhuma gravurinha na parede. É chocante mesmo. Ir à Escola de Teatro e não ver nenhum cartazinho de teatro na parede... Não tem as marcas, as pegadas das pessoas. Está certo que tem o MAC (*Museu de Arte Contemporânea – N.E.*) próximo, mas não justifica. Eu quero estar sentado na minha carteira de escola e ver um cartaz interessante, uma reprodução, uma gravura, sei lá o que... Que cria um ambiente, cria aquilo que eu vivi: que é a aura... Quando uma escola não tem uma marca, não tem esse ambiente, para mim não é escola. Tem alguma coisa errada. É tudo muito pouco generoso. Parece que todos buscam se defender. Nos últimos tempos se criou um mecanismo de defesa que impede instalar as pessoas na aura das outras... Porque ou a pessoa acha que o outro é um trouxa e não percebe que é uma troca, ou porque não se interessa mesmo.

    Quando vejo o Aldemir Martins abrir a gaveta para me mostrar seus desenhos e o Wesley perder uma tarde conversando comigo — como ele perdeu *n* vezes — percebo o que é generosidade. Aprendi mais com a abrangência que tive, começando pela Tarsila — que nunca determinou nada. Para mim, portanto, não cabe uma escola que não tem uma gravura pendurada. Não concordo. Não posso acreditar que isso seja generosidade, seja escola, que seja um templo de uma coisa... Desculpe, mas é verdadeiro. Sinto mesmo muitos alunos desiludidos. É claro que cada um tem suas expectativas e não se pode idealizar. Mas é uma questão de não sentir vitalidade. Assim, tanto faz perseguir uma carreira militar, ou ficar buscando ascender de um jeito ou de outro. As coisas se misturam no pior e não no melhor. Porque o Exército também poderia ser outro universo. Mas, enfim, não é esta a questão. As pessoas se acham humanas, humanitárias, cursando humanas. E eu não vejo nada de humano em certos filósofos que eu andei ouvindo.

A poesia foi a leitura mais marcante na minha formação, especialmente Rilke. Descobri Rilke e depois fui descobrindo outros... Havia pouca poesia traduzida naquele momento. Como não leio bem inglês, lia principalmente os franceses. Li muito os poetas franceses, muito do modernismo na França, toda aquela coisa surrealista. O surrealismo esteve muito presente na formação modernista brasileira — via Oswald, e o Wesley foi uma decorrência desta postura. Querendo ou não, o Oswald foi um homem muito influenciado pelos poetas surrealistas. Enfim, o que mais me atraía como leitura era a poesia, a poesia mesmo.

Ia ver tudo que podia de cinema. O cine Bijou fazia muitos festivais, e eu ia a todos. Certos meses ia todos os dias ao cinema. Ia também ao teatro — naquela época os atores convidavam os amigos. Hoje em dia, eles nos fazem pagar o ingresso. Isso não existia. Nós éramos amigos, nós participávamos e os atores queriam que fôssemos vê-los. Eu conheci o *Ornitorrinco* começando, no fundo do quintal, com o Galizia, a Maria Alice Vergueiro. Eles convidavam: *Pelo amor de Deus, venham assistir*. Era quase assim. E as artes plásticas sempre eram as que mais se misturavam com o teatro e a música. Eu ia ouvir música, ia muito ao cinema e ao teatro. Acompanhei o fim das montagens da Ruth Escobar, não o auge. Ia a todas.

E ainda assisti peças no Teatro Arena. Via aquelas peças e exposições que o teatro promovia. Lá, vi pela primeira vez uma exposição de desenhos do Flávio Império. Para mim foi uma grande descoberta. O Flávio Império tinha um desenho magistral. Eu era um garoto — tinha 18 anos — e achei o desenho dele sublime. Foi a primeira vez que vi projetos de figurino do Flávio Império. Era um homem de uma qualidade excepcional, um desenhista fantástico. Nós estávamos na rua vendo tudo e antenados na dinâmica destas produções. Isso até 68 mais ou menos, até o começo dos anos 70, quando mudaram as relações, as pessoas se fecharam e as coisas foram se diluindo. Mudaram as relações e hoje precisamos de credencial para sermos artistas.

Comecei a surgir como artista presente no nível externo, nos anos 70, e isto me trouxe muitas restrições, em função do momento político que estávamos vivendo. Mas é importante percebermos que ninguém surge de um dia para o outro. Surge porque existe uma história de mercado, de artistas. E é neste sentido que temos que ter o maior respeito pelo Aldemir Martins, por exemplo. Se ouvirmos o Aldemir falar dos anos 40, quando ele inaugurou a 1ª Galeria de Arte Moderna em São Paulo, ou quando eles começaram as Bienais... Eles todos trabalhavam de graça. Esta gente formou, abriu um precedente, deixou coisas para nós. Não importa o que estejam fazendo hoje, não levanto questões sobre o trabalho de ninguém. Levanto um problema humano: estas pessoas abriram um imenso precedente. Eles formaram uma coisa, e estamos usufruindo dos benefícios. Portanto, nós temos que calar a boca e perceber que as coisas só foram melhorando e que estão a cada dia melhor. Hoje, qualquer garoto de 30 anos está expondo na Europa a 15 mil ou 10 mil dólares, e trata tudo com desdém. Eles não dão a menor oportunidade para perceber que o que existe faz parte de um trajeto. As pessoas precisam ser respeitadas. Elas abriram este espaço e estamos sendo beneficiados por um percurso. As pessoas hoje se autovalorizam demais, já se colocam na História de antemão.

Como a Tarsila não tinha esta postura, para mim não importa se eu sou uma pessoa *up to date*. O importante é fazer e a História que dê conta — ou não — daqui a 100 anos, ou não sei quando. As pessoas hoje não vivem direito porque estão muito preocupadas em polir o seu pedestal. Não penso assim. Não aprendi assim. E mais tarde, também percebi esta mesma atitude no meu contato com o Willys de Castro e com o Barsotti.

os mestres da maturidade

O Willys era um homem que poderia discursar com você a respeito de qualquer assunto. Era um homem de uma abrangência incrível. Depois que ele morreu e o Barsotti começou a mexer naquele material todo que eles colecionavam, um dia, eu encontrei o Marcello Grassman e disse: *O Barsotti tem coleção de gravuras suas, xilogravuras antigas e várias gravuras*. O Marcello ficou muito impressionado. Ele falou: *Mas como? Eles se interessam por isso?* É óbvio que sim, porque eles não se preocupavam só com arte construtiva, por exemplo. Eles tinham Bonadei, Grassman, Volpi. Volpi por uma questão particular. Porque Volpi tem um interesse construtivo que fascinou todos esses caras. Teve um momento que o Volpi fez um trabalho até concretista, que hoje eu não chamaria de concretista — mas não importa. O que eu percebo é que o Willys e o Barsotti foram pessoas que trataram a vida com certa obstinação. Que tinham um pensamento de obra bastante elaborado, numa direção bem clara. E juntavam gravuras do Grassman também. Acho um brilho esta coisa abrangente de mundo. Não se descarta o outro. As pessoas são o que elas são.

Conheci o Willys e o Barsotti desde os 20, 25 anos, embora eles fossem muito inacessíveis. Eles ficaram acessíveis bem mais tarde, quando me viram com outros olhos, muito mais tarde. Eu não questionava. Achava que eles tinham um trabalho de um nível altíssimo. O trabalho do Willys é a coisa mais elaborada que a arte brasileira pôde alcançar. Ele tem um nível excepcional. E o Barsotti é um colorista excepcional. O melhor colorista que o Brasil tem, na minha maneira de ver. Nos últimos tempos, o Willys dizia que tinha uma confiança cega em mim. Quer dizer, um homem que passou 20 anos não querendo nem falar comigo! Foi uma conquista. Eu entendia a maneira deles viverem. Simplesmente aceitava. Nunca questionei porque eu não fazia parte de alguma coisa com eles, porque eles queriam ficar fechados, sem ninguém enchendo o saco.

Mas no momento em que eles começaram a me ver, me visitar e a trabalhar juntos, me ofereceram uma grande oportunidade. A oportunidade de trabalhar no trabalho deles. Foi um processo de mergulhar também num outro nível. Isto me proporcionou outras questões. Foi muito forte me sentir numa ligação íntima com a obra de outros dois artistas e dizer *Eu estou executando o trabalho de outro*. Eu estava com 40 anos e parei minha vida seis meses para ser assistente do Willys e do Barsotti. Foi só o que fiz, mais nada. Ir dentro do processo do outro, são dados que você vai acumulando.

Não era mais a Tarsila, não era mais o Wesley, porém eu estava dentro do processo de um outro — quer dizer, dois outros —, e isto trouxe acréscimos, somou. E estou aberto para outros, porque acho que são dados importantes, experimentos. Entender como este outro vê isto... Eu queria saber porque me interessava. Estava no momento de ver e via. Eles falavam e eu executava. Foi muito importante para mim, eles terem me chamado na hora de fazer o trabalho. Foi um mecanismo louco.

    Considero que não tive somente a possibilidade de aprender com a Tarsila. Também o Wesley me abriu seu ateliê, e eu acompanhei muita coisa que ele produziu. E de repente, depois de maduro, eu tenho esta experiência com o trabalho do Willys e do Barsotti. E quem sabe venham outros mais, não sei quem... Ou volto para o Wesley, não sei como vai ser. Estou aberto e acho importante me abrir para pessoas assim, se me interessar. Porque, na verdade, me interessa muito a cor do Barsotti. Queria entender aquilo de alguma maneira. Não que eu estivesse alienado. Sabia como ele chegava àquilo. Mas foi muito interessante vê-lo agindo sobre a cor. Eu fazia a cor com ele, e ia percebendo o que ele queria com aquela cor.

    O Willys era o grande intelectual do neoconcretismo. E também era de um mecanismo, de uma flexibilidade, de um jogo de possibilidades, com toda aquela aparência de rigor. Era uma pessoa extremamente criteriosa, mas aquilo tudo tinha uma dança; um homem que conhecia muito a música, profundamente; um universo imenso de informações. Conhecia as coisas num nível lindo, aberto a tudo. Não era a pessoa fria que parecia. Na verdade, nós vemos muito pouco das pessoas, e as pessoas são mais importantes que suas obras. Talvez... Não sei, mas o que sobra, no fim, é a obra. Então, que seja a obra. Mas acredito que devemos abrir espaços para os outros. Estou muito disponível porque aprendi assim. Portanto, não vou descartar se me aparecer outra possibilidade de ficar perto de um processo de alguém que me interesse. Porque, por mais que se analise a estrutura e se escreva a respeito, mergulhar no processo do outro, se abrir a este ponto é algo que marca para sempre. São coisas que mexem e abrem um precedente que é muito poderoso. É uma relação efetiva, que por mais que se fale não dá para explicar. É a mesma coisa que ver Deus. Se eu vi Deus, não posso ficar explicando para você que não viu. Não dá para explicar. É uma experiência radical para quem viveu.

    Os processos são muito ricos, os artistas têm questões muito poderosas, se concordarmos em ver. E é óbvio que sempre iremos procurar os afins. Mas o mais maluco é que não se pode subestimar um processo, mesmo que a pessoa não se identifique com ele. Porque são canais possíveis, apesar de uns interessarem e outros não.

o artista professor

Ir para a escola era uma coisa assustadora. Sentia que todo o universo que vinha da escola era muito mitificado, inatingível, só para eleitos. Nunca entendi muito bem, mas era isso que eu sentia. Tinha dado aulas no meu ateliê — para alguns filhos de amigos meus que iam prestar arquitetura —, mas era um trabalho muito específico, voltado para o vestibular.

Quando entrei pela primeira vez na EMIA (*Escola Municipal de Iniciação Artística – N.E.*), confesso que senti muito medo. Nem sabia se seria capaz de desencadear um processo pessoal em alguém.

Caí na EMIA de um jeito completamente surpreendente para mim. Nunca tinha trabalhado antes numa escola. Fiquei preocupado em dar satisfação, cumprir alguma expectativa porque, afinal, era uma instituição. Mas, quando percebi que tinha total liberdade para desenvolver o meu trabalho, me senti mais fluido, as relações ficaram mais fortes porque o distanciamento foi diminuindo.

A escola tinha uma abordagem completamente livre e eu fiquei preocupado em ter que partir de alguma coisa. Depois de um tempo, eu percebi que deveria agir de maneira diferente conforme a faixa etária.

Observei que, para a criança pequena, não cabia trabalhar duas horas só desenhando, porque, para ela, o desenho é um meio de comunicação. Nem podemos chamar de arte: é um meio dela contar histórias. Para ela, é importante desenhar, brincar, cantar, porque ela não distancia as linguagens. A criança pequena não tem a intenção de fazer arte. Mas o adolescente, eventualmente, já pode ter esta intenção. E o adulto, quando já desenha um pouco e tem uma visão do mundo, reage muito, não tem soltura para arriscar um trabalho mais livre. Entra numa batalha inútil por uma solução idealizada demais, tudo fica no nível do bonitinho, do desenhar bem. E o desenhar bem é uma coisa relativa demais.

Os adolescentes, às vezes, estão mais soltos, mas muito dispersos também. Em alguns, eu já percebia uma intenção de desenvolver um trabalho contínuo, de quererem ser artistas.

Assim, percebi que precisava ter uma abordagem diferente com cada grupo. Com as crianças, era necessário ir até elas e acolher as histórias que traziam. Os adolescentes necessitavam, algumas vezes, que eu ajudasse a organizar e discutir suas propostas. Com os adultos, era preciso soltar, para que se permitissem buscar suas próprias soluções.

Quando as pessoas procuram um curso de arte, elas acham que nós temos a varinha de condão, a solução para elas saírem desenhando e pintando. E nós não temos as soluções, porque a solução está nelas, e não no professor. Em geral, perceber isto é muito decepcionante. Elas esperam que o professor tenha todas as soluções para todos os seus problemas. E não é isso. O que temos é um mecanismo para que esta pessoa desenvolva um processo, uma ação sobre os materiais. Estabelecemos um processo de ação, e a solução do trabalho é delas. Mas a maioria vem pensando que em uma semana está tudo resolvido. Não é assim, é óbvio que não é assim. Daí, também aprendi a lidar com as pessoas que vão persistir e as que vão cair fora. É uma coisa natural. E como a escola era um espaço que permitia esta multiplicidade, nós tivemos que lidar com a liberdade de opção dos alunos. Se o curso não ia de encontro às expectativas de alguns, apareciam outros. É claro que, de 100 pessoas, são duas que — no fundo, no fundo —, irão desenvolver um trabalho pessoal. Temos um trabalho monumental com 300 pessoas para atingir três. Eu conversava com 300 — de igual para igual com todas —, para finalmente restarem três. Porque na realidade não estava dando um curso, estava desencadeando a possibilidade de se trabalhar junto: um curso livre é na realidade uma relação. É esta relação que permite estabelecermos um percurso onde se elaboram ou não certas coisas. Mais do que ensinar, é necessário fazer as pessoas acreditarem em seu potencial, pois o problema é que elas duvidam delas mesmas. Em primeiro lugar, querem a solução em uma semana e, em segundo, elas vêm com um ideal na cabeça e não contam com seus recursos e suas limitações. Elas não jogam com a intuição e com suas possibilidades reais. Partem do princípio de que, em uma semana, serão

Rembrandt. E não é isso, é evidente. Havia uma seleção natural, porque pai é uma contingência: é aquele, e acabou. Mas o mestre, nós o escolhemos, e cada um tem, o direito de não querer.

O interessante neste processo é que quem vinha porque leu não sei onde, ou porque soube por alguém, dava de cara comigo, e aí ia ver se queria ou não queria — o que podia levar uma aula, ou um mês. Tudo isto significava um empenho da minha parte. Quer dizer: eu estar lá sendo eu mesmo. Não tive que contar nenhuma historinha para satisfazer ninguém, não tive que cumprir um programa preestabelecido. Aí é que surgem as questões pessoais de cada um. Eu ouvi, por exemplo, de uma aluna que reencontrei mais tarde, que ela desapareceu do curso porque não conseguia lidar com a minha liberdade. Quer dizer, era um problema específico dela, uma vez que nem me considero tão livre assim, e ela não conseguia trabalhar nesta dimensão de liberdade!

Em geral, as pessoas não permitem a intuição fluir, não partem dos seus recursos e têm uma expectativa muito grande de desenhar bem, desenhar certo. Quando eu começava a questionar e mostrar suas qualidades, era difícil — para algumas — acreditarem.

Uma frase que ouvi muito foi *me dá uma idéia!* Como é que eu posso dar uma idéia? Mas se me metia, apesar de tudo, a dar uma idéia, o mais engraçado é que — como a minha não idéia não ia de encontro às suas expectativas — elas diziam que estava errado. É muito engraçado. Minha idéia a respeito de um céu não era a delas e, mesmo assim, ficavam querendo saber a minha idéia a respeito de um céu ou uma montanha. Então eu sempre incentivava que os alunos perseguissem suas idéias, errassem e fossem buscar outra, pois eles sempre têm idéias, apesar de não acreditarem que possam expressá-las. A formação das pessoas é muito pouco expressiva, e a sensibilidade é logo descartada no nível de escolaridade.

Minha ação não foi igual com todos. Quantas pessoas passavam por lá que não sei até que ponto eu mexi com elas, enquanto outras já respondiam imediatamente. Cada um tem sua medida. Cada um tem um ritmo para mexer com suas próprias coisas. Para mim, o mais importante foi lidar com o ritmo pessoal. Uma aluna fazia um desenho em quatro aulas, enquanto outro fazia seis desenhos em uma aula. E um não é melhor que o outro. São diferentes.

Não podemos transformar todo mundo em artista, é evidente! Mas podemos ajudar muito ou não. Mesmo que o meu discurso fosse igual com todos, cada um ia entender de um jeito.

Alguns achavam que eu não ensinava nada, que não sabia nada, e outros me adoravam, achavam que eu sabia demais. Tive que lidar com milhares de opiniões diferentes, numa escola que possibilitou um trabalho laboratorial. Não havia nada predeterminado, como por exemplo: hoje vamos trabalhar com cinza e amanhã com azul ou vamos aprender como se desenha uma montanha.

As aulas consistiam em deixar verter a produção de cada um. O que me interessava era ter um parâmetro através da produção, e não da falação. Poderia ficar horas falando, mas isto não era a solução para um trabalho prático. Queria ver os alunos errando, para ter um parâmetro e poder perceber o que era erro para eles, pois o que é errado para um não é errado para outro. Eles precisavam perceber isto, porque vinham de uma experiência de escola muito hierarquizada, muito sistematizada, com notas e provas. Queria que eles vivenciassem outra forma de relação e pudessem perceber que cada um tem direito à sua própria maneira de ser. E tinha que parar, observar tudo e descobrir como poderia ajudar cada um. Eu não estava ali para aprovar ou reprovar ninguém.

Em arte as pessoas se aprovam ou se reprovam. Se não contamos com um mecanismo interior, não contamos com arte. Desenhar muito bem, ter muita habilidade, pode não significar nada, se não houver um movimento contínuo por uma construção pessoal que vai levar a pessoa a ser artista. A arte, ninguém dá para ninguém. Podemos desencadear processos, romper barreiras. Mas a pessoa tem ou não a tensão interior que vai fazer o artista.

O que a EMIA parece ter possibilitado por meu intermédio, foi uma coisa de ter coragem de arriscar, de se ver, e inclusive se ironizar e construir um humor através deste processo.

Durante os três anos que eu trabalhei na EMIA, pude observar que alguns alunos desenvolveram um impulso de trabalhar com uma continuidade que eles não tinham antes. A Sueli é um caso interessante, apesar de inicialmente ela não ser uma aluna, mas estagiária. Sueli vinha de uma faculdade de artes plásticas e não tinha ação plástica nenhuma. Chegou com uma formação cheia de *pode isso e não pode aquilo; aquarela não pode fazer assim, gravura pode assim...* E comecei a incentivá-la a experimentar tudo. Acho o fim da picada alguém ter o direito de dizer *não pode isso*, ainda mais quando o outro está querendo experimentar. Eu não dou a ninguém o direito de dizer o que pode e o que não se pode fazer em arte!

Sei que é difícil respeitar a individualidade das pessoas, é difícil libertar as pessoas porque, obviamente, temos o sentimento de posse. Não só sobre as pessoas, mas também sobre as soluções para todas as coisas. Mas precisamos perceber que não temos o controle, nem o domínio sobre as ações das pessoas, e que, quanto mais libertários conseguirmos ser, mais retorno teremos: não é do uso do nosso conhecimento como verdade absoluta que nós crescemos. Mas dispondo do conhecimento, entregando-o realmente, é que vem o retorno. É claro, isto se pudermos observar e perceber o quanto nos alimentamos com as respostas que recebemos dos alunos. O retorno vem à medida que libertamos as pessoas.

Neste trabalho não podemos prever como estarão no final do ano... Estarão onde estiverem! Provavelmente, cada um em um ponto — não importa. O importante é contar com o ritmo pessoal de cada um. O que eu mais aprendi, com a experiência da escola, foi dar espaço para o ritmo pessoal de cada um. Por isto, acredito que um curso não pode predeterminar o ponto ao qual os alunos devem chegar até o final do ano.

A Sueli ficou muito atenta a tudo. Observava com atenção, comparando sempre com a experiência que estava tendo na faculdade com professores que não eram artistas. A faculdade tinha um programa a cumprir, mas não se preocupava em libertar a expressão. Pelo menos, foi o que pude observar no seu caso. E ela percebia que eu só me preocupava em libertar os alunos — pelo menos, era o que eu tentava. Do meu lado, percebi que ela — sem precisar me dizer — começou a entender o que eu estava fazendo. Sueli desenhou muito pouco durante as minhas aulas, porque, na realidade, cumpria muito bem o papel de assistente. Mas aos poucos começou a me trazer trabalhos que fazia em casa, e começamos a estabelecer uma relação: ela pintava em casa, mostrava, e eu comentava. No início, muito timidamente, ela não mostrava quase nada. Mesmo assim, começou a ter um retorno. Começou a produzir mais, eu incentivava, ela ouvia minhas observações e ouvia também os comentários que eu fazia para os outros alunos. Não me lembro mais o que eu falava, não sei para quantos alunos minhas observações foram importantes — mas não importa. O que importa é que, hoje, a Sueli está numa continuidade de criação. Não sei onde isso vai levar, porque não sei da vida dela: cada um é cada um. Mas sinto que ela tem um impulso de produção que não tinha antes.

Por isto penso que a universidade deveria liberar um espaço para a expressão, irrestrita, sem nota 10. Deveria haver um espaço paralelo que fosse a possibilidade da pessoa se expressar sem ter que cumprir: agora aula de plástica; agora de composição. Então o aluno vai experimentar cerâmica, depois vai fazer um voluminho de pedra sabão, fica cumprindo etapinhas. E, fora da etapa, se ninguém requisita, não age, não aprende a agir espontaneamente. Se ninguém der uma idéia, paralisa. Mas o que é isto? Onde está o artista?

Creio que a Sueli foi percebendo que não tinha mais que ficar cumprindo etapas, que podia agir no mundo e buscar o jeito dela, errando, acertando à sua maneira.

Penso que a faculdade poderia cumprir este espaço das notas, mas deveria ter também um espaço grande para as pessoas colocarem a sua personalidade em ação, sem esperar que isto seja detonado pelo professor. Certamente é difícil, mas os artistas se cumprem de qualquer modo, e não há como impedir. É evidente que ninguém pensa em transformar todos os alunos em artistas, nem é isso que se deve esperar de uma faculdade. Mas podemos ajudar, podemos possibilitar. Não acredito, mesmo, que possa transformar uma pessoa em artista, mas tenho que ter a dignidade de possibilitar, se eu avistar o artista na pessoa. Nós enxergamos o artista, e possibilitamos ou reprimimos seu desenvolvimento. Tem muita gente que age ao contrário: porque sente ciúme mortal e demole o artista que a pessoa tem dentro de si. No fundo, o professor tem um certo poder, uma ascendência; está numa posição, num papel que é muito perigoso, onde tudo pode acontecer. Tem que tomar muito cuidado e ser generoso o suficiente para não fazer uma besteira. É fácil-fácil ser arbitrário e demolir uma pessoa, da mesma maneira que pode construir. Precisa ter coerência consigo mesmo, não importando se está coerente com os outros.

Não sei se a minha experiência com a Tarsila me ajudou com os alunos. Não sei julgar. A minha relação com ela foi muito particularizada. Ela só tinha a mim, não tinha uma classe, não tinha que discutir preferências — a não ser as minhas. Era uma coisa muito específica.

É muito diferente entrar numa sala e, no primeiro dia de aula, encontrar 20 pessoas que nunca vi antes. São situações diferentes. Mas sei que a minha ação está permeada de um comportamento ético que vem de formação. Vem da Tarsila, vem do contexto ético, estético, moral e social que eu vivi. Mas o que eu acho que ela me ensinou foi não ter medo de dar liberdade, entre outras coisas. Não ter medo de liberar as pessoas, de trabalhar com um espírito libertário. E liberdade é uma coisa ética. Eu acho que temos que ter a dignidade de valorizar as qualidades dos outros que não são sempre iguais às nossas.

Minha ação é uma ação livre, através de um percurso que é uma história com a qual eu convivi. Vejo nítidos os fios condutores: a Tarsila e o Wesley. Quando falo de Tarsila e Wesley, falo da mesma ambigüidade que ocorreu na história da arte do século XX, representada nos dois. E o que me atraiu foi exatamente estar em contato com um fio condutor. Eu não estava na frente do Duchamp, mas do Wesley; eu não estava na frente do Picasso, mas da Tarsila. Os dois são a continuidade de um percurso. Eu tenho que saber onde estou pisando, e lidar com os dois. Os dois são perfeitos, são válidos. Eu fico no meio. Não faço *tarsilas*, nem faço *wesleys*. Mas estar diante deles é estar diante de um percurso histórico, sem regionalismo: porque não estou falando de arte brasileira, ou arte francesa, mas de arte num sentido abrangente, universal.

Hoje eu me sinto livre tanto de Tarsila quanto do Wesley. Porque, apesar de todas as minhas complicações, (não como artista, mas como pessoa), esta gente me ensinou a ser livre...

O ARTISTA NO CAMINHO DO MITO

primeiros passos

Comecei as entrevistas procurando observar a presença de Tarsila do Amaral na iniciação artística de Tuneu porém, ao longo das nossas conversas, a presença de Wesley Duke Lee foi ganhando importância e apareceram ainda Willys de Castro e Hércules Barsotti, grandes referências para o artista já maduro.

Ter sido surpreendida por estes novos personagens pareceu-me extremamente interessante, porque abriram-se questões que eu não havia previsto no início. E este é, para mim, o lado fascinante da pesquisa: vai-se em busca de uma pista e outras revelam-se inesperadamente ao longo do caminho. Percebi, então, que não seria mais possível considerar apenas o relacionamento com Tarsila como determinante na formação artística de Tuneu e, considerei particularmente significativo,que o papel de mestre não houvesse sido projetado em uma única pessoa. Este fato conferiu um aspecto dinâmico à sua formação, pois permitiu que, em cada etapa do seu desenvolvimento, encontrasse um mestre à altura dos problemas a serem enfrentados.

Refletindo sobre as diferentes etapas da vida artística de Tuneu, e sobre a atuação de cada um dos artistas por ele citados, pude vislumbrar, concretamente, a possibilidade de traçar um paralelo entre a iniciação artística e a jornada do herói.

O tema do herói aparece com freqüência na obra de Jung, que considerava sua trajetória a encarnação do ideal de todo ser humano: a conquista de sua individualidade.

Nos *grandes sonhos* que geralmente acompanham o processo de individuação, Jung identificou os mitologemas que caracterizam a vida do herói: *Trata-se de aventuras perigosas, de provas como as que encontramos nas iniciações. Há dragões, animais benfazejos e demônios. Encontramos o velho sábio, o homem animal, o tesouro oculto, a árvore mágica, a fonte, a caverna, o jardim protegido por altas muralhas, os processos de transformação e as substâncias da alquimia....*[1]

Campbell descreve o herói como aquele que, aceitando o chamado para a aventura, se encaminha na direção de algo mais distante, mais profundo ou mais alto, para conquistar aquilo que faltava a sua consciência no mundo em que habitava. Em sua jornada depara-se com provas que testam sua vocação para a aventura, mas também encontra diferentes figuras tutelares que o auxiliam em cada etapa do seu percurso. Conquista o que lhe faltava mas enfrenta, então, um novo problema: o retorno ou a reintegração à sociedade.[2]

Há muito já se reconheceu a semelhança de personagens e peripécias entre os dramas de heróis nas diversas culturas através dos milênios de história da humanidade. Muitos pesquisadores achavam que essa uniformidade e universalidade baseava-se nas primeiras tentativas do ser humano de explicar fenômenos naturais incompreensíveis, mas iguais em toda parte a partir do comportamento humano padrão.[3]

Na semelhança entre os diferentes mitos do herói, Campbell identificou a expressão da mesma estrutura presente em todos os rituais de passagem: *separação-iniciação-retorno*, que ele considerou a unidade nuclear do *monomito*.[4]

No *padrão mítico* ou *monomito* estaria, portanto, contida a estrutura básica dos ritos de iniciação.

Procurando o paralelo entre o mito do herói e o percurso do artista, constatei que poderia encontrar, por analogia, a relação entre os ritos de iniciação e a iniciação artística. Pois, assim como o herói, o artista também está em busca da conquista de um mundo desconhecido, sua aventura: a criação de uma obra.

Seguindo a trajetória da história da arte, Kris e Kurz observaram que temas comuns presentes nas biografias de artistas, mais do que meras coincidências, expressam um modelo de pensamento mitológico. A partir desta constatação, compreenderam que a universalidade e a repetição do mito acontecem porque ele é o melhor veículo de idéias profundamente enraizadas na vida emocional do homem.

Mircea Eliade acrescenta novos sentidos a esta reflexão a partir de seus estudos de mitologia e história das religiões. Em seu livro *Origens*, escrevendo sobre o significado dos ritos de iniciação para o mundo moderno, indica que poderíamos ler a vida de alguns artistas a partir da *dialética da iniciação*, citando como exemplo o período da juventude de Goethe, quando da criação de *Sturm und Drang*. Esta época, considerada pelo escritor como de grande instabilidade e caos interior, Eliade associa a uma iniciação xamânica. Porque é típico das iniciações xamânicas a passagem por um *estado de caos* através do qual o xamã reintegra uma personalidade mais forte e mais rica. Comenta, então, que foi depois de *Sturm und Drang*, que Goethe superou sua imaturidade, assumindo a vida de forma mais ampla e criativa.[5]

Jung, que dizia ter tido uma profunda ligação interior com Goethe, interessou-se particularmente por *Fausto*, que se tornou objeto de extensas análises, presentes inúmeras vezes, ao longo de sua obra.

Em *Memórias, sonhos e reflexões* escreve o seguinte comentário: *O segredo de Goethe foi ter sido tomado pelo lento movimento de elaboração de metamorfoses arquetípicas que se processam através de séculos; ele sentiu seu 'Fausto' como uma 'opus magnum ou divinum'* — uma grande obra-prima. *Tinha razão, portanto, quando dizia que 'Fausto' era sua 'obra-prima', por isso sua vida foi enquadrada por esse drama. Percebe-se, de modo surpreendente, que se tratava de uma substância viva que agia e vivia nele, a de um processo suprapessoal, o grande sonho de 'mundus archetypus'*.[6] Em outro momento afirma: *Não é Goethe quem faz o Fausto, mas sim a componente anímica de Fausto quem faz Goethe.*[7]

Estas observações sugerem que o processo de criação de *Fausto* pode ter sido a experiência iniciática da fase madura de Goethe.

O físico e crítico de arte Mário Schenberg comentou, numa entrevista, que o conceito de arte alquímica, bastante estudado no Ocidente, já está completamente teorizado na China, nos clássicos chineses.

A doutrina diz que se o artista estiver em um estado de espírito adequado, atingido através de certos métodos e preparação, quando for pintar entrará em contato com certas forças cósmicas e estas forças cósmicas imprimirão marcas na pintura.[8]

Eliade parece concordar com este comentário, quando observa que em diferentes culturas tradicionais as manifestações artísticas são resultados diretos da aprendizagem iniciatória e comenta que *valeria realmente a pena investigar as relações entre iniciação e as expressões mais 'nobres' e criativas da cultura.*[9]

A partir destas reflexões, passei a analisar o relato de Tuneu, sob a perspectiva do mito, procurando identificar, nas diferentes etapas de sua iniciação artística, as atuações de Tarsila, Wesley, Barsotti e Willys, na tentativa de levantar questões que auxiliassem a discussão sobre o ensino da arte.

Escolhendo o mito como chave de leitura, passei a transitar no mundo das imagens, cujos caminhos são mais familiares à minha formação nas artes plásticas; embora reconheça que este não é um caminho de uso exclusivo do pensamento artístico.

Herbert Read observa que *quando passamos a investigar a natureza do pensamento científico quanto a ser este uma atividade inventiva ou criativa, e não um mero arranjo lógico de fatos estabelecidos, descobrimos que ele também se liga às imagens. Toda a física moderna, por exemplo, é recheada de imagens, da maçã que cai de Newton ao homem no elevador de Edclington. É possível que haja mais imagens na física atual do que na poesia moderna.*[10]

Humbert, no prólogo do livro de Solié, *Metanálise Junguiana*, comenta: *Observando a eficácia do mito, somos levados a pensar, com a teoria junguiana, que a imagem é essencialmente um esquema organizador e que é falso aplicar-lhe o gênero de relação significante/significado que é válido para a palavra.*[11]

O papel do mito é, exatamente, abrir-nos para o mundo das imagens, possibilitando-nos experimentar a vida da alma miticamente. *Mitos não fundamentam, eles abrem.*[12]

A função do mito para a psicologia não é descrever ou enumerar os diversos tipos de comportamento, mas ampliar a reflexão, auxiliando-nos a ultrapassar os limites e condicionamentos do nosso tempo e da nossa cultura.

Na realidade, nossa vida, dia após dia, ultrapassa em muito os limites da nossa consciência e, sem que saibamos, a vida do inconsciente acompanha a nossa existência. Quanto maior for o predomínio da razão crítica, tanto mais nossa vida empobrecerá; e quanto mais formos aptos a tornar consciente o que é mito, tanto maior será a quantidade de vida que integraremos. A superestima da razão tem algo em comum com o poder do estado absoluto: sob seu domínio o indivíduo perece.[13]

Em contraste com a visão racionalista observada por Jung neste comentário, a visão oriental do mundo é analógica e expressa-se através de símbolos, portadores de fortes poderes de sugestão e capazes de trazer à tona um amplo conjunto de imagens pictóricas e de emoções, porque fala diretamente ao inconsciente.[14]

Para ilustrar a visão analógica de transmissão do conhecimento, reproduzo o diálogo entre um mestre chinês e seu discípulo:

O mestre disse:

'A escrita não pode expressar as palavras totalmente. As palavras não podem expressar os pensamentos totalmente'.

Estamos, então, impossibilitados de ver os pensamentos dos santos e dos sábios?, perguntou o discípulo.

O mestre disse: 'Os santos e os sábios estabeleceram as imagens para dar expressão completa a seus pensamentos...'[15]

REFERÊNCIAS BIBLIOGRÁFICAS

1. JUNG, C.G. – *A dinâmica do inconsciente*, Petrópolis, Rio de Janeiro, Vozes, 1984, p. 301.
2. CAMPBELL, J. – *O herói de mil faces*, São Paulo, Cultrix, 1993, p. 36.
3. MULLER, L. – *O herói*, São Paulo, Cultrix, 1992, p. 16.
4. CAMPBELL, J. – Op. cit., 1993, p. 36.
5. ELIADE, M. – *Origens*, Lisboa, Edições 70, 1989, p. 150.
6. JUNG – Op. cit., 1975, p. 181.
7. JUNG, C.G. – *O espírito na ciência e na arte*, Petrópolis, Rio de Janeiro, Vozes, 1985, p. 91.
8. SCHENBERG, M. – *Diálogos*, São Paulo, Nova Stella Editorial, 1985, p. 69.
9. ELIADE, M. – Op. cit., 1989, p. 151.
10. READ, H. – *A redenção do robô*, São Paulo, Summus Editorial, 1986, p. 27.
11. HUMBERT, E. – Apresentação *in* SOLIÉ, P. - Mitanálise Junguiana, São Paulo, Nobel, 1985, p. 8.
12. HILLMAN, J. – *Psicologia arquetípica*, São Paulo, Cultrix, 1992, p. 44.
13. JUNG, – Op. cit., 1975, p. 262.
14. CAPRA, F. – *O tao da física*, São Paulo, Cultrix, 1992, p. 84.
15. I Ching, o livro das mutações – (traduzido por Richarch Wilhelm para o alemão, e Gustavo A.C. Pinto para o português), São Paulo: Editora Pensamento, 1983, p. 246.

o chamado para a aventura

Conta o mito que a vocação do herói para a aventura manifesta-se desde a infância. São inúmeras as histórias que relatam as habilidades precoces destas crianças.

Héracles estrangulou uma serpente que entrou em seu berço; Jesus, menino, ensinava aos sábios no templo; o bebê Buda praticava ioga à sombra de uma árvore, surpreendendo suas amas; Krishna era um garoto travesso, capaz de fazer sumir potes de leite, alcançar objetos fora do seu alcance, e sugar a energia do gnomo Putana, que queria roubá-lo de sua mãe de criação.

Campbell considera que *sempre houve uma tendência no sentido de dotar o herói de poderes extraordinários desde que nasceu, ou desde o momento que foi concebido. Toda vida do herói é apresentada como uma grandiosa sucessão de prodígios da qual a aventura central é o ponto culminante. Isto está de acordo com a concepção segundo a qual a condição de herói é algo a que se está predestinado, e não algo simplesmente alcançado.*[1]

Kris e Kurz mostram que é comum encontrar nas biografias de artistas a presença do talento precoce, semelhante ao encontrado nos mitos de heróis. *O núcleo desta semelhança reside, evidentemente, na predestinação da criança artista para alcançar sua futura grandeza. Todos os conhecimentos casuais que levam a sua descoberta, e daí a sua brilhante ascensão, aparecem nas apresentações biográficas como conseqüências inevitáveis do seu gênio.*[2]

A lembrança mais antiga de Tuneu relacionada à sua atividade artística nos remete aos seus cinco anos de idade: bandeirinhas cruzadas no ar sugerindo uma perspectiva.

Na sua memória, a vocação para o desenho aparece, portanto, na primeira infância, surpreendendo-o pela qualidade da descoberta: *Conseguir passar esta noção visual com cinco anos me deixou muito espantado. Foi uma descoberta! Eu acho que nós aprendemos coisas, mas quando experimentamos é diferente. É descoberta!.*

Em outra lembrança, evoca borboletas coloridas que precisavam ter asas absolutamente simétricas: *Eu me lembro que, desde criança, já era muito preocupado em prestar atenção na semelhança das duas asas. Engraçado... Porque até podia ser uma diferente da outra, mas eu queria que fossem iguais.*

Seriam as fileiras de bandeirinhas e a simetria das asas das borboletas o prenúncio do interesse construtivo? Ou a memória do artista reconstruindo a infância a partir de sua visão atual, construtiva?

Seriam estes temas freqüentes na sua produção infantil? ou ficaram na memória porque constelaram símbolos importantes para sua imaginação criadora?

Tanto as borboletas como as bandeirinhas carregam consigo o simbolismo do ar, habitam o espaço aéreo, mas são também elementos de ligação entre o céu e a terra.

Em *O ar e os sonhos*, Bachelard nos fala que a imaginação dinâmica nos permite transitar entre estes dois pólos, *permite-nos compreender que algo em nós se eleva quando alguma ação se aprofunda – e que inversamente, algo se aprofunda quando alguma coisa se eleva (...) Um ser essencialmente dinâmico deve permanecer na imanência de seu movimento, não pode conhecer nem o movimento que se detém totalmente nem o que se acelera para além de todo limite: a terra e o ar, para o ser dinamizado, estão indissoluvelmente ligados.*[3]

A imaginação do pintor transita entre os elementos, sua memória resgata símbolos que nos falam desta dinâmica: bandeirinhas e borboletas... que, enquanto símbolos, são portadores de significações múltiplas, que podemos apenas tentar circundar, tocar sua superfície, sem nunca podermos fixá-los numa explicação definitiva.

As bandeirinhas movimentam-se suspensas no espaço, os homens as colocam acima, tendendo assim a sua contemplação em direção aos bens celestes.[4] As bandeirinhas cruzadas das festas juninas são brinquedos aéreos, seu vôo é o vôo emprestado pelos ventos. Estão, porém, presas à terra pelo mastro que as sustenta.

A borboleta alça vôo rompendo o casulo original. Passa a habitar o ar, depois de ter conhecido o rastejar de lagarta. Sofre uma metamorfose, ultrapassa seus limites. Na psicanálise encontramos a borboleta associada ao renascimento.[5]

Mas Bachelard nos recorda também, que *no mundo verdadeiro dos sonhos, em que o vôo é um movimento unido e regular, a borboleta é um acidente irrisório — não voa, voeja. Suas asas demasiado belas, suas asas demasiado grandes as impedem de voar.*[6]

Em contraponto com a leveza do devaneio aéreo dos primeiros desenhos da memória de Tuneu, nos deparamos com a dureza das imagens de uma educação extremamente repressiva, quando entramos nas recordações referentes ao seu relacionamento familiar:

A minha formação era uma coisa muito rígida. Nada estava suficientemente perfeito. Lembro de um traço muito forte do meu percurso de formação, uma das coisas que mais marcaram foi que houve muita cobrança, em vez de haver possibilidades.

Eu tinha irmãos mais velhos que já eram adultos quando nasci. Havia muita cobrança por parte de todos, era muito difícil. Então, muito cedo, comecei a perceber que de algum modo tinha que me livrar disto e, inconscientemente, comecei a elaborar uma fuga destas coisas.

Bachelard reconhece nos devaneios da infância o desejo de uma existência sem limites: *Quando sonhava em sua solidão, a criança conhecia a existência sem limites. Seu devaneio não era simplesmente um devaneio de fuga. Era um devaneio de alçar vôo.*[7]

Os símbolos presentes nos primeiros desenhos parecem sugerir a existência sem limites, que o ato de desenhar significava para ele: através do desenho era capaz de criar tudo. *Eu desenhava muito. E desenhava bem mesmo. Eu tinha uma facilidade tremenda para fazer ilustrações, trabalhos de escola para os colegas: fazia o retrato do Leonardo Da Vinci... Ficava copiando tudo, fazia bichos para as aulas, e fazia tudo com um pé nas costas, em três minutos. Eu já conseguia uma soltura, fluía bem.*

Observamos porém, que esta habilidade para o desenho, apesar de despertar a admiração dos colegas, não encontra ressonância no meio familiar, como possibilidade para uma opção profissional.

Quando, um belo dia, eles perceberam que eu estava levando o desenho muito a sério falaram: 'Não, você tem que estudar e pintar nos fins de semana!'

Este é outro tema típico das biografias de artistas: o jovem que precisa vencer os obstáculos para prosseguir no caminho da profissão que escolheu. Com freqüência, estes obstáculos são colocados pela própria família.

Este aspecto parece estar ligado a outra coincidência mitológica: *tal como o herói que foi iniciado enquanto criança, a criança-artista é reconhecida por uma marca especial. Mas o descobridor-artista é por vezes investido de um duplo papel.*[8] Torna-se o professor do jovem talento e também um segundo pai.

À maneira dos mitos, a descoberta de Tuneu por Tarsila parece se dar como obra do acaso: o encontro com um desenho fortuito e efêmero, porque feito com giz sobre um quadro-negro. Assim também acontecem os chamados para a aventura ou a descoberta da *criança divina*: sempre casuais, cabendo ao herói recusar ou atender o chamado e partir para a aventura, transferindo, assim, *o seu centro de gravidade do seio da sociedade para uma região desconhecida.*[9]

Na época em que se deu o encontro de Tarsila com *o desenho* de Tuneu, o menino estava se transformando em adolescente. Em suas descrições podemos notar o sentimento de isolamento que o acompanhava neste período: além de não ter o apoio da família para sua inclinação para a arte, sentia-se também distante dos interesses dos colegas da sua idade. *O meu interesse pelo desenho era diferente dos outros adolescentes... não me interessava pelo que os outros se interessavam.*

Tarsila surge, então, inaugurando um tempo de novas possibilidades.

Mito ou sonho, há nessas aventuras uma atmosfera de irresistível fascínio em torno da figura que aparece subitamente como guia, marcando um novo período, um novo estágio, da biografia.[10]

O aparecimento de Tarsila marca, sem dúvida, uma nova etapa na biografia de Tuneu. Tal como no mito, sua figura se reveste de um caráter numinoso: fada madrinha ou estrela guia são imagens que podemos associar à sua presença na vida de Tuneu neste momento.

No início das entrevistas eu me perguntava: o que teria motivado um menino de 12 anos a freqüentar, todos os sábados, uma senhora 60 anos mais velha do que ele?

Ao longo de nossas conversas, fui percebendo que esta pergunta sugeria inúmeras respostas, pois Tarsila, no seu relacionamento com Tuneu, recebeu a projeção de diferentes arquétipos: a artista consagrada, a mestra, a grande mãe, a protetora, a protegida...

Na dinâmica do relacionamento entre os dois, que durou mais de dez anos, estes arquétipos foram se alternando ou convivendo simultaneamente.

Porém, antes de entrarmos na discussão do dinamismo deste relacionamento, cabe um paralelo entre o encontro do desenho no quadro-negro e o simbolismo dos ritos de passagem da puberdade.

Aceitando o convite de Tarsila para freqüentar seu ateliê aos sábados, Tuneu estava, talvez sem saber, aceitando o chamado para desenvolver uma obra. Estava atravessando a primeira porta, entregando-se ao primeiro rito de passagem.

Conta o mito que *tendo as personificações do destino a ajudá-lo e a guiá-lo, o herói segue em sua aventura até chegar ao 'guardião do limiar', na porta que leva a área da força ampliada.*[11]

As imagens do mito evocam um ritual de passagem. O limiar a

ser transposto deverá separar o indivíduo do seu grupo familiar, para introduzi-lo no sistema de crenças e valores mais amplos da sociedade a que pertence, ou daquela em que deverá ser, então, introduzido.

Os rituais sempre interessaram particularmente aos antropólogos, sendo que foi Van Gennep, o associado de Durkheim, quem introduziu o termo *ritos de passagem* na linguagem da Antropologia Social. *Ele afirmou que nas sociedades simples toda mudança que poderia ser considerada como uma passagem de um estado para outro era ritualizada.*[12]

A Antropologia observa que estes rituais têm estruturas notadamente semelhantes, apesar das diferenças de conteúdo características de cada cultura. A literatura etnológica chama a estes rituais de *ritos da puberdade, iniciação tribal* ou *iniciação num grupo etário*.[13]

O conceito de iniciação compreende o conjunto de práticas, ensinamentos e provas cuja finalidade é produzir uma mudança radical no *status* do indivíduo a ser iniciado.

Mircea Eliade escreve que em *termos filosóficos a iniciação é equivalente a uma mutação ontológica da condição existencial. O noviço emerge da sua provação como um ser totalmente diferente: tornou-se outro.*[14]

Jung deu grande importância a estes rituais, pois considerava que eram a forma encontrada pelas sociedades primitivas de libertar os indivíduos de um estado inicial de identidade inconsciente.[15]

A idéia de sacrifício, presente nestes ritos, exprime a aspiração de tornar sagrado o humano, sacralizar o homem.

Nas iniciações existe sempre um período de isolamento, de separação do mundo profano, onde o noviço é afastado da família, podendo ser enterrado simbolicamente, ou apenas ficar em retiro numa cabana ou na floresta. Nesse período, deve esquecer seu passado, suas relações anteriores, seu nome, sua língua, caracterizando, assim, uma morte ritual que deverá ser seguida por um renascimento simbólico.

Eliade interpreta o ritual da morte iniciática como um *regresso ao útero* ou como uma *descida aos infernos*.[16]

Laura Villares observa que a iniciação difere da educação porque a mudança pela qual passa o neófito não é apenas *um remodelamento através da instrução, mas um processo de transformação da personalidade.*[17]

Aceitando o convite de Tarsila, Tuneu aceita separar-se, ainda que temporariamente, do seu grupo etário e também de sua família, para ser introduzido no universo da artista modernista. Aceita ser iniciado.

Existe um aforismo hermético que diz: *Quando os ouvidos do discípulo estão preparados para ouvir, então vêm os lábios para enchê-los de sabedoria.*[18]

Tarsila descobriu Tuneu através de um desenho, e este desenho foi suficiente para que ela pressentisse que ele estava pronto para aprender.

E Tuneu, que já admirava suas pinturas, parece não ter hesitado em aceitar seus ensinamentos. (...) *eu já tinha contato com a pintura modernista através de um irmão da Tarsila que era vizinho da minha mãe. Ele tinha alguns quadros da Tarsila e, como eu era muito amigo do filho dele, desde os 10 ou 11 anos, eu estava vendo aquelas pinturas (...) quando eu via aqueles quadros da Tarsila... eu pensava: 'aí tem uma coisa muito mais poderosa que um show de habilidades'...* Ou seja, Tuneu abriu-se aos ensinamentos porque estava seduzido pela pintura da mestra.

Em qualquer lugar que se achem os vestígios do mestre, os ouvidos daqueles que estiverem preparados para receber o seu ensinamento se abrirão completamente, diz a sabedoria hermética.[19]

Nas iniciações tibetanas, os doutores do Lamaísmo recomendam grande discernimento na escolha de um mestre.

A erudição, a santidade e as profundas visões místicas de um lama não são garantia, pensam os tibetanos, e seus conselhos são igualmente proveitosos para qualquer discípulo. Cada um, segundo o seu temperamento, deve ser encaminhado a uma trilha diferente, por um mestre que já a tenha percorrido ou, pelo menos, minuciosamente estudado, para ter bons conhecimentos da topografia do terreno sutil que ela atravessa.[20]

Porém, também os tibetanos observam que, com freqüência, o encontro com o mestre pode se dar como obra do acaso, e as afinidades serem percebidas de forma intuitiva. Aparece aqui, novamente, o motivo mitológico do encontro com o destino.

Contudo, o que me parece digno de nota, neste caso, é a consciência de que mestre e discípulo devem ter profundas afinidades e que a trilha a ser seguida não pode ser a mesma para todos, mas definida pela individualidade do discípulo.

REFERÊNCIAS BIBLIOGRÁFICAS

1. CAMPBELL, J. – *O herói de mil faces*, São Paulo, Cultrix, 1993, p. 331.
2. KRIS, E. & KURZ, O. – *Lenda, mito e magia na imagem do artista*, Lisboa, Editorial Presença, 1988, p. 43.
3. BACHELARD, G. – *O ar e os sonhos*, São Paulo, Martins Fontes, 1990, p. 109.
4. CHEVALIER, J. & GHEERBRANT, A. – *Diccionario de los símbolos*, Barcelona, Editorial Herder, 1988.
5. CHEVALIER, Idem.
6. BACHELARD, – Op. cit., 1990, p. 67.
7. BACHELARD, G. – *A poética do devaneio*, São Paulo, Martins Fontes, 1988, p. 94.
8. KRIS & KURZ, Op. cit., 1988, p. 41.
9. CAMPBELL, Op. cit., 1993, p. 66.
10. Idem, p. 64.
11. Idem, p. 82.
12. MAIR, L. – *Introdução à antropologia social*, Rio de Janeiro, Zahar Editores, 1972, p. 220.
13. ELIADE, M. – Origens, Lisboa, Edições 70, 1989, p. 138.
14. Idem, p. 137.
15. JUNG, C.G. – *Psicologia do inconsciente*, Rio de Janeiro, Vozes, 1978, p. 95.
16. ELIADE, Op. cit., 1989, p. 139.
17. VILLARES, L. – A Psicoterapia: um rito moderno de iniciação, Boletim de Psicologia Sociedade de Psicologia de São Paulo, v. XXXVIII, nº 88/89, dez 1988, p. 14.
18. SCHURÉ, E. – Hermes, São Paulo, Martin Claret Editores, 1986, p. 61.
19. SCHURÉ, Ibidem.
20. DAVID-NÉEL, A. – *Iniciações tibetanas*, São Paulo, Pensamento, s/d., p. 19.

o encontro com a deusa

(...) Aproximo-me temeroso de ti. Creio que és uma deusa: Nêmesis, senhora do equilíbrio e da medida, inimiga dos excessos (...) Mas serás mesmo Nêmesis? Que és deusa eu tenho certeza disso: pelo teu porte, pela tua inteligência, pela tua beleza.[1]

Assim Mário de Andrade se dirigia a Tarsila em janeiro de 1923: deusa do destino, Nêmesis.

Ao longo de sua vida, Tarsila atraiu com freqüência o arquétipo da Rainha Deusa, projetado por amigos e admiradores por sua pintura, mas também por sua beleza, sua elegância e sua cultura.

Nas cartas, nos comentários da crítica, nos artigos de jornal — tão bem documentados por Araci Amaral em seu livro *Tarsila: sua obra e seu tempo*, podemos acompanhar sua imagem através dos olhos dos críticos, dos jornalistas, dos artistas e escritores que conviveram com ela e, sobretudo, dos amigos mais próximos.

Uma personalidade de escol, quase de fora, não fora a sua inclusão na rotina da produção rural, como beneficiária das fazendas paternas, como proprietária depois — essa mulher superou um padrão alto demais para o meio. Ela me parece ser o nosso primeiro caso de 'emancipação mental' entre as mulheres paulistas, e não por uma questão de riqueza, de formação intelectual, ou de viagem. Sacudida nas alturas de uma pretensa 'high life' ou deixada no quadro modesto de um ateliê de pintura, o sonho nas mãos, Tarsila do Amaral manteve o seu sorriso bom e acolhedor, a sua compreensão superior, a sua inteligência sempre aberta à pesquisa, e com tudo isto uma dose de infinita modéstia, de esquivança nobre, nunca deixando de ser a primeira, mas fazendo tudo por que não o percebessem...[2]

Numa época em que as mulheres paulistas mal participavam das conversas da sala, limitando-se a servir o cafezinho, Tarsila já inaugurava um modo de vida bem particular. Deixando a vida confortável na fazenda paterna, vem para São Paulo estudar arte — primeiro escultura com Zadig e Mantovani e, em seguida, passa para o desenho e a pintura com o acadêmico Pedro Alexandrino. Cabe observar que, neste tempo, já estava separada do breve casamento com o primeiro marido (coisa quase impossível para os padrões brasileiros da década de 10!), e tinha uma filha.

Em 1917, sob a orientação de Alexandrino, constrói um dos primeiros ateliês de artista de São Paulo onde, além de realizar seu trabalho, recebe aulas de pintura. Data desta época sua relação com Anita Malfatti, que freqüentava as aulas de Pedro Alexandrino neste ateliê.

Quase impossível a presença de Anita 'fauve' ao lado de Pedro Alexandrino: somente a falta de ambiente artístico em São Paulo pode justificar essa busca de um local onde pudesse encontrar possibilidade de diálogo e eventual afinidade ou apoio, por parte de companheiros de trabalho, observou com propriedade Araci Amaral.[3]

As aulas com Alexandrino deram a Tarsila o domínio da linha, o que faria com que ela nunca considerasse tempo perdido o ano e meio de estudo com o pintor acadêmico. Porém, *Tarsila não tinha um temperamento pacato de aluna modelo; queria da arte mais do que uma coleção de fórmulas*[4], e logo afasta-se do acadêmico deixando-se seduzir pela ousadia técnica de Elpons, o velho mestre alemão, que a ensina a usar as cores puras em pinceladas vigorosas. Passa, então, a ter aulas com ele, e é a quem aluga seu ateliê quando resolve estudar em Paris.

Souza Lima recorda a Tarsila deste período como uma pessoa muito simples, que se vestia modestamente, com discrição e que saía com freqüência para pintar cenas de rua no Jardim da Luz.[5]

De 1920 a 1922, Tarsila se instala em Paris, com o objetivo de estudar pintura. Aluga um ateliê e freqüenta aulas na Academia Julian, que descreve em carta a Anita Malfatti: *Estou trabalhando num grupo de umas 50 alunas. Está me parecendo que muitos são os chamados mas poucos os escolhidos. Não vejo uma aluna forte. Algumas trabalham muito bem, mas falta aquilo que nos impressiona.*[6]

A Academia Julian não satisfaz a inquietação de Tarsila, pois ali o rigor era tão grande, que não era permitido aos alunos trabalharem na composição do quadro, mas apenas no estudo da figura. Passa então para a Academia de Émile Renard, onde a orientação é menos rígida e onde realiza os melhores trabalhos desta temporada em Paris. Seu pincel torna-se mais solto e começa uma ligeira simplificação nas formas em função da luz.

Um episódio marca, especialmente, em sua memória, a liberdade de espírito deste professor já idoso: *Uma aluna, com uma revista cheia de reproduções de quadros dos principais artistas modernos, levou-a rindo ao professor dizendo-lhe: 'Olhe M. Renard, que monstruosidade!' Émile Renard tomou a revista e observou a reprodução da tela de um dos modernos mais em evidência, repelindo a zombaria da aluna e mostrando respeito pelo jovem artista de vanguarda.*[7]

Antes de retornar ao Brasil, em julho de 22, tem a satisfação de ver uma tela sua aceita no Salon de la Societé des Artistes Françaises. Esta tela, *Figura*, ela viria, mais tarde, a chamar de *Passaporte* por ter sido a sua entrada oficial no meio artístico parisiense.

Estes dois anos na Europa proporcionaram a Tarsila a convivência num ambiente mais amplo, onde diversas tendências coexistiam, e também uma disciplina de trabalho bem desenvolvida. Porém sua atitude é, ainda, a de uma aluna aplicada: *Eu ia da Academia Julian para casa e voltava, e, assim também, do ateliê de Émile Renard para casa e de lá para o ateliê...*[8]

Mas a informação recebida, ainda que dispersa e mal digerida, já era suficiente para fazê-la perceber que ainda havia muito a realizar no Brasil. (...) *Quando vejo tanta grandeza por aqui, estes museus admiráveis, estas bibliotecas preciosas ao alcance do público mediante uma apresentação, tanta arte, tenho pena do nosso país, tão rico e tão pobre em tudo que diz respeito à vida intelectual. Há tanto dinheiro para se esbanjar em festas... Que inércia em tudo que se relaciona à arte!*.[9]

Apesar deste comentário, curiosamente, é em sua volta para São Paulo — quando vem a conhecer o modernismo através de Mário de Andrade, Menotti Del Picchia, Oswald de Andrade, apresentados por Anita Malfatti — que começa a verdadeira abertura intelectual de Tarsila que viria a marcar toda sua obra.

Nos cinco meses que passa em São Paulo, em 1922, seu ateliê se converte no ponto de encontro dos intelectuais do modernismo, sem deixar de ser também um espaço de trabalho intenso que assinala uma mudança significativa em sua pintura.

São desta época as duas telas *fauves* retratando Mário de Andrade e Oswald de Andrade, seus novos amigos, assim como o quadro *A Espanhola*, com que participa do I Salão da Sociedade Paulista de Belas Artes.

Menotti Del Picchia lembra a Tarsila desta época como uma das mulheres mais lindas que conhecera: *Pintora? Eu estava na frente de uma das criaturas mais belas, mais harmoniosas e elegantes que me fora dado ver. Parecia uma tela de Boldini.*[10]

A crônica social do *Correio Paulistano* de 1º de setembro de 1922 registra ... *no largo ateliê de almofadões búlgaros, onde gritavam as cores dos 'mantons de Manilla', riquezas do bric-à-brac fidalgo dessa esgalgada e linda artista Tarsila do Amaral, o violão de Mário de Andrade evocava a música da raça...*[11]

Tarsila reconhece que, apesar de viver dois anos em Paris, sua abertura para o moderno acontece em São Paulo: *Vim a conhecer o modernismo no Brasil*.[12] E volta para Paris depois de seis meses, para então buscar, com os artistas de vanguarda, *o aprendizado necessário à apreensão correta de uma forma de expressão do seu tempo*.[13]

Cabe aqui abrir um parênteses para estabelecermos os limites do nosso interesse pela vida artística de Tarsila do Amaral.

Muito já se escreveu sobre a obra de Tarsila e sua personalidade marcante, sendo nossa referência mais importante, sem dúvida, o trabalho de Araci Amaral. Assim, não é intenção deste trabalho repetir o que já é de domínio público, mas sim, fazer um recorte na trajetória de Tarsila, para colocar em evidência o seu processo de iniciação que resultou na personalidade artística que iniciou Tuneu. Interessa-nos, especialmente, suas observações a respeito dos seus diferentes professores e, também, das experiências que marcaram sua formação. Pois são estas observações que nos permitirão, mais adiante, estabelecer os paralelos com a sua maneira de favorecer a iniciação artística de Tuneu.

Nesse sentido, é importante voltarmos nossa atenção para Tarsila em Paris no ano de 1923, e acompanhar suas aulas com Lhote, Gleizers e Léger, que vão encerrar o seu percurso como aluna e lançá-la definitivamente como a grande pintora do modernismo no Brasil.

O primeiro professor de Tarsila em Paris nesta época foi Lhote. ... *Estou trabalhando com um ótimo professor, um desses modernos, M. Lhote. Com duas lições ganhei mais do que em dois anos.*[14]

Seus comentários sobre a academia de Lhote são interessantes, porque reveladores de sua forma de compreender o processo artístico. Observa que o professor incentivava os alunos a prestarem atenção em Michelângelo, tendo inclusive diversas fotografias de obras do mestre renascentista espalhadas pelo ateliê. *Entretanto, nos seus próprios quadros, não se notava a influência de Michelângelo, transposta por ele inteligentemente para o plano da modernidade.*[15]

Desta academia Tarsila guardaria uma lição importante dada por Marie Blanchard, que substituiu Lhote em uma ocasião. *Chegou a minha vez (eu estava contente com o esboço de traços certeiros e cores bonitas), esperei um elogio. Qual nada... Marie Blanchard olhou a tela e disse: 'Você sabe demais... por que tanta exibição? Por que tanta acrobacia? Seja mais humilde. Procure*

---

* Grifos nossos.

sentir o seu modelo e pinte com a inocência de uma criança'. *Foi depois disso que vi como é difícil desaprender e quanto custa a gente não ser o outro.[16]

Através do trabalho com Lhote, sua pintura sofre uma simplificação nas formas, começa a aparecer a geometrização e a fusão de diversos planos através da cor. *O desenho-registro rápido se altera um pouco, seja na valorização da linha, ou no evidente desejo do mestre de imprimir vigor à suavidade do seu traço (mas depois Tarsila retornaria a seu desenho-grafia fluido).*[17]

Os comentários de Araci Amaral indicam que Tarsila, num primeiro momento, parece ceder, ou melhor, assimilar os conselhos do professor, para depois voltar ao seu próprio modo de se expressar.

Nós, os alunos, nos animávamos reciprocamente no entusiasmo do trabalho em conjunto. O professor passava entre nós e a cada um dizia uma palavra de encorajamento ou tomava o pincel e mostrava como resolver a timidez do principiante.[18]

Mas não são somente as aulas que promovem seu aprendizado neste período. Já em companhia de Oswald, passa a freqüentar com assiduidade teatros, balés, concertos, exposições e também os ateliês dos principais artistas. Seu próprio ateliê se converte (como já acontecera em São Paulo) em ponto de reunião dos artistas e intelectuais que fizeram de Paris dos anos 20 o centro cultural do mundo.

Paris de 1923! As recordações fervilham, amontoam-se, atropelam-se... Meu ateliê da Rua Hégésippe Moreau, que Paulo Prado descobrira ter sido habitado por Cézanne, foi freqüentado por importantes personagens.[19] E sua memória vai revelando os nomes: Brancusi, Cocteau, Léger, Erik Satie, Ambroise Vollard, John dos Passos, Villa-Lobos, Manuel de Falla, André Breton, Cedrars, Picasso, De Chirico, Strawinsky.[20]

É exatamente esta abertura para todas as manifestações culturais do seu tempo e a convivência com os criadores da vanguarda que conferem importância a esta temporada de Tarsila em Paris, que seria determinante para o desenvolvimento posterior de sua obra. Foi a par-

---

* Grifos nossos.

tir dessa vivência que Tarsila passa à condição de agente, e não mais de importadora ou mecenas, atuando em igualdade de condições com aqueles dos quais antes era mera espectadora.

Sua imagem de mulher reflete as mudanças provocadas pela ampliação do seu universo cultural. Da simplicidade passa à extrema sofisticação de Poiret, o costureiro influenciado pelos cubistas, que torna-se, então, o preferido de Tarsila. *Lembro-me dela no teatro, no Trocadero, com uma capa escarlate, forrada de cetim branco, um chapéu de vidrilhos, grande e negro. Em Paris, onde as pessoas se vestem discretamente, era uma sensação a vaidade de Tarsila vestida por Poiret...* relata d. Georgina Malfatti, mãe de Anita, a Araci Amaral em novembro de 67.[21]

Depois dos três meses de aulas com Lhote, fazendo uma viagem de verão à Itália, aproveita para rever algumas obras e percebe que seu julgamento sobre elas havia mudado.

Não podem calcular o benefício que está fazendo esta viagem. Revisão de obras de arte que conhecia. Novo julgamento delas: conclusões surpreendentes perante mim mesma.[22]

Nota-se, aqui, Tarsila percebendo ter mudado o seu conceito sobre a arte — fruto, com certeza, de suas recentes descobertas. Neste momento já aparece a intenção deliberada de produzir sua obra e deixar a condição de aprendiz. Em outra carta, expressa este desejo:

Hoje comecei com o Léger. Estive sábado passado no ateliê dele e levei alguns trabalhos dos meus últimos mais modernos. Ele me achou muito adiantada e gostou imensamente de alguns deles. Voltei animadíssima. Vou ver se consigo também umas lições com Gleizers, artista avançadíssimo. Com estas lições voltarei consciente da minha arte. Só ouço os professores no que me convém.* Depois destas lições não pretendo continuar com professores.[23]

As aulas com Léger foram poucas (talvez não mais do que três), porém foram as que deixaram a marca mais profunda na obra de Tarsila. Com ele, experimenta a técnica da pintura lisa, marca característica do pintor, e que Tarsila incorporaria definitivamente a sua obra.

---

* Grifos nossos.

Herbert Read observou que *apesar de sua imensa integridade (ou talvez por causa disso) Léger tinha poucos seguidores. Ao passo que haveria centenas de imitadores de Picasso em cada país europeu e americano, havia somente um ou dois que adotaram o idioma pessoal de Léger. Ele exerceu uma influência mais direta (além das características pessoais como simplicidade e humanidade) por seu uso da cor pura, com o que quero dizer que a cor foi libertada de sua função figurativa para se tornar puramente decorativa.*[24]

Tarsila está, com certeza, entre estes poucos seguidores mencionados por Read. A influência de Léger talvez tenha sido tão forte porque, além da identidade no aspecto formal da pintura de ambos, possuíam também afinidades quanto ao caráter: integridade e simplicidade são duas palavras que encontramos com freqüência referidas a Tarsila.

Sobre a influência de Léger sobre a obra de Tarsila, vale ainda registrar as observações de Araci Amaral: *Tarsila era rápida na apreensão, assim como na observação do estilo de Léger. Sua influência sobre a pintora não foi apenas do mestre sobre o artista jovem admirado, mas também uma questão de afinidade entre ambos, pois já nessa época Jeanne e Fernand Léger, grandes amigos de Cendrars, eram conhecidos de Tarsila.*[25]

Em 1923, Tarsila pinta *A Negra*, que lhe conferiu a condição de pioneira de uma arte brasileira ainda não realizada até aquele momento. Parece que esta era, há muito tempo, sua legítima aspiração: *Acha-se também aqui um pintor, o Di Cavalcanti, pintor do Rio muito considerado. Ele e Anita disputarão a mim o primeiro lugar na pintura moderna brasileira. Apesar da grande confiança em mim, creio urgente ativar meus estudos*[26], escreveu à família em setembro daquele ano.

A Negra marca uma nova fase na pintura brasileira, não apenas pela inovação formal, mas também pela temática: é a primeira vez que o negro brasileiro aparece em primeiro plano. É considerada a primeira obra antropofágica, apesar do termo só ter sido usado cinco anos mais tarde, quando Oswald abriu a polêmica em torno de outro quadro de Tarsila, o *Abaporu*.

Com Gleizers Tarsila encerra o período de aprendizagem com professores, com um trabalho intenso e disciplinado. Penso que Tarsila se referia a ele quando dizia que o cubismo era o *serviço militar obrigatório do artista*.

Gleizers, a meu ver, foi o verdadeiro exegeta do cubismo[27], diria ela, recordando o pintor que foi também um dos principais teóricos do cubismo, escrevendo juntamente com Metzinger, *Du Cubisme*.

Gleizers considerava que a composição de um quadro deve ser tal que, quando se retira um dos planos, arrasta-se junto todos os demais.[28]

O mês e meio de trabalho no ateliê de Gleizers dão a Tarsila a estruturação da composição que foi marcante em sua pintura.

Se com Lhote ela apreende o vigor do traço, a síntese necessária à 'redução' do volume, com Léger encontraria uma afinidade constante ao observar seu trabalho em plena fase de retorno à cor vibrante, às formas mais plásticas, com referências seguras da realidade e articuladas entre si. Mas essa articulação — a própria estrutura do quadro — nasceu para Tarsila, sem dúvida, do convívio com Gleizers.[29]

Anos mais tarde, referindo-se a este período em uma entrevista, Tarsila revela sua postura diante da aprendizagem:

Identificada enfim, com o cubismo, ainda aí, porém meu espírito não estacionou. Comecei a desejar uma arte mais pessoal e desse modo, **entrei a aperfeiçoar os processos aprendidos, torcendo-os a meu jeito e de acordo com o meu temperamento***.[30]

No final de 23 escreve à família dizendo que um crítico que visitara o seu ateliê, Maurice Raynal, confirmara que ela não tinha mais o que aprender: *É* **produzir e freqüentar grandes artistas***.[31]

Parece que esta foi a atitude que norteou sua conduta desde então, e que viria a caracterizar sua postura de mestra em relação a Tuneu.

Sua obra confirma que o desejo de uma arte pessoal foi plenamente realizado.

Quando fizerem uma 'história estrutural da pintura brasileira', nela sem dúvida caberá um papel proeminente e pioneiro a Tarsila do Amaral. Um

---

* Grifos nossos.

papel de fundação. Tarsila inaugurou uma linhagem 'rara e clara' — escreveu Haroldo de Campos em 1969 — ... *do cubismo; Tarsila não foi apenas aluna aplicada, na sua pintura 'Pau-brasil' e depois 'Antropofágica' (onde o cubismo, surrealismo e algo da 'pintura metafísica' se encontraram numa convergência muito pessoal), como Oswald não foi apenas um simples usuário de técnicas cubistas e futuristas na sua prosa experimental e na sua poesia (...) Ambos 'devoraram' as técnicas importadas e as reelaboraram em modo nosso, em condições nossas, com resultados novos e nossos.*[32]

Depois de ter realizado suas duas primeiras exposições individuais em Paris (fase *Pau-Brasil* em 1926 e fase *Antropofágica*, em 1928), mostra pela primeira vez seus trabalhos no Brasil em 1929, no Palace Hotel do Rio de Janeiro e, em seguida, em São Paulo, à Rua Barão de Itapetininga. Data desta época a crítica de Jorge de Lima, que cito a seguir para mostrar a imagem que Tarsila projetava:

Influências, imitações de Picasso, de Chagall, de qualquer moderno, nós as vemos todos os dias em tantos de nossos artistas modernos. Tarsila quanto mais foi à Europa, tanto mais conseguiu recuperar o tempo precioso que nós esquecemos na meninice, lá muito longe (...) Tarsila tem em suas telas 'le temps retrouvé', novinho em folha, ingenuosinho como quando se é menino. Não sei que anjo da guarda salvou Tarsila das pessoas grandes. A pior coisa que pode acontecer a um artista é, não há dúvida, a pessoa grande. É um buraco mesmo. Tarsila do Amaral escapou do perigo e conseguiu ser Tarsila — a única. Foi um grande caminho a vencer a fim de ser única. Tarsila foi a maior porque a mais nova. Em arte é assim: os meninos são maiores do que os homens. Quem é maior do que Tarsila, no mundo?.[33]

Se não tenho como saber o que *salvou Tarsila das pessoas grandes*, talvez pudéssemos arriscar dizer que foi exatamente este olhar voltado para a infância (característico em sua pintura) que a conduziu ao desenho do menino Tuneu, enxergando neste desenho a sensibilidade que viria a se concretizar na obra de um artista.

No *Dicionário das artes plásticas no Brasil*, de Roberto Pontual, há um comentário de Sérgio Milliet que pode dar reforço às minhas reflexões a respeito desta relação peculiar entre mestre e discípulo.

Referindo-se às semelhanças entre Tarsila e Rousseau, Milliet escreve:

Somente no Douanier Rousseau encontraríamos alguém da mesma família pictórica, alguém com penetração igualmente aguda, com semelhante capacidade de síntese quanto ao conjunto e de análise em relação às partes. No entanto, Rousseau fez escola e Tarsila não teve discípulos. Como explicar este fenômeno? Talvez por sermos um povo demasiado jovem e pouco requintado em nossa cultura.[34]

O que me chamou a atenção nestas palavras de Milliet é que, apesar de terem sido escritas em 1953, integraram o texto de Pontual em 1969, no mesmo livro onde Tuneu já aparece como desenhista, cujos *trabalhos caracterizam-se por um abstracionismo de fundamento geométrico, de expressão reduzida ao mínimo para obtenção de efeitos óticos e de movimento.*[35]

Nenhuma alusão a Tarsila.

Tuneu apareceu e se firmou como artista pelas características de sua obra e não como discípulo de Tarsila. Este é, sem dúvida, um fato que merece ser destacado no ponto de partida destas investigações sobre a relação entre os dois. Apesar de ter freqüentado o ateliê de Tarsila desde o início da adolescência, Tuneu não foi discípulo da obra de Tarsila. A maneira como a artista conduziu o processo de ensino, desde o início, garantiu que o iniciante construísse o seu caminho a partir de suas características pessoais.

Ela nunca veio com um modelo, nem se impôs como modelo. Tive desse modo a liberdade de opção individual, o que me instigava.

Tarsila tinha a maturidade e a tranqüilidade da artista realizada que sabia, como bem expressou Piaget, que *a beleza como a verdade só recria aquele que a conquista.*[36] Parecia compreender muito bem que a história da arte não é feita pelos seguidores, mas sim pelos criadores. Referindo-se certa vez a Brancusi, observou: *Constantin Brancusi é marco-zero da escultura moderna. Do seu ateliê têm saído poucos discípulos e muitos imitadores.*[37]

Com certeza Tarsila não gostaria que de seu ateliê saísse um imitador. Desde o início cuidou para que o trabalho se desenvolvesse sempre a partir dos projetos de Tuneu.

Geralmente, ela me deixava produzir e depois elaborávamos intelectualmente em cima do que eu havia feito. Ela concordava ou não, mas eu sempre tive o meu espaço. Era tratado de igual para igual. Ela me chamava de colega de trabalho. Imagine, eu era um moleque e era um colega de trabalho! Isso é raro.

Escrevendo sobre o papel do mentor, Staude observa que, se este for muito paternal, ficará difícil para o discípulo superar a diferença de geração e passar para um relacionamento de igualdade que é o objetivo final de um processo de aprendizagem.[38]

Tarsila — que sempre procurou preservar sua expressão pessoal, apesar do respeito a seus mestres — parece ter facilitado a Tuneu a superação da distância tão grande entre os dois, tratando-o como um *colega de trabalho*.

Intuitivamente parecia compreender uma lei psicológica de Jung que diz *que uma pessoa deve satisfazer o seu próprio 'daimon' criador, e que, conseqüentemente, será impelido a separar-se de qualquer coisa ou pessoa que se coloque no caminho da realização de sua própria criatividade.*[39]

Tarsila conhecia bem os caminhos que conduzem aos processos de criação, por tê-los perseguido com obstinada persistência. Tinha construído uma obra de valor inquestionável e não tinha, portanto, a necessidade de se realizar através do discípulo.

Sua ação pôde ser a de quem acolhe e orienta, sem impor regras, nem limites artificiais. Tuneu não precisou, portanto, romper com Tarsila para desenvolver seu trabalho, porque acima de tudo, ela foi sempre o continente onde sua obra pôde germinar e crescer.

Dos seus estudos de alquimia, Jung nos legou o símbolo do *vaso alquímico* ou *vaso hermético*, que ele definiu como uma espécie de matriz ou útero onde pode nascer o *filius philosophorum* ou *pedra filosofal*.[40]

Dentro desta concepção, o *vaso hermético* é o receptáculo onde ocorre o processo de transformação alquímica.

Associo esta imagem à interpretação que Eliade faz dos ritos de puberdade comparando-os a um *regresso ao útero*.[41]

Tarsila, como iniciadora, proporcionou a Tuneu o *vaso alquímico*, que atuou como um iniciático regresso ao útero, facilitando seu nascimento como artista.

Tal como no mito, ela foi a personificação da grande Deusa Mãe que protege e nutre o imaginário do herói, auxiliando-o a vencer as provas, a superar as barreiras.

O nome hindu para essa mulher é Maya-Shakti-Devi, 'Deusa Doadora de Vida e Mãe de Todas as Formas' (...) ela aparece como aquela que ensina aos deuses védicos sobre o fundamento e a fonte suprema do seu próprio ser e dos seus próprios poderes.[42]

Nas recordações de Tuneu, Tarsila aparece como fundamental: *Era a grande referência, a grande mãe e tudo o que você quiser. Tudo era levado para ela...*

Encontramos, com freqüência, a existência de uma segunda mãe como característica do mito do herói, nas mitologias de diversos povos.

No seu livro *Símbolos da transformação*, Jung escreveu: *Como Rank mostrou em numerosos exemplos, o herói muitas vezes é enjeitado e criado por pais adotivos. Deste modo vem a ter duas mães (...) O tema das duas mães indica a idéia do duplo nascimento. Uma das mães é a verdadeira, humana; a outra, porém, é a mãe simbólica, caracterizada como divina, sobrenatural ou com qualquer atributo extraordinário.*[43]

A esta idéia dra. Nise da Silveira acrescenta: *A idéia das duas mães está estreitamente ligada à idéia do segundo nascimento. O primeiro nascimento é de natureza carnal e o segundo, de natureza espiritual. As iniciações, nas religiões antigas, correspondem ao segundo nascimento.*[44]

Campbell observa que *a mulher representa, na linguagem pictórica da mitologia, a totalidade do que pode ser reconhecido. O herói é aquele que aprende. À medida que progride, na lenta iniciação que é a vida, a forma da deusa passa aos seus olhos por uma série de transformações: ela jamais pode ser maior do que ele, embora seja capaz de prometer mais do que ele já é capaz de compreender. Ela o atrai e guia e pede que lhe rompa os grilhões que o prendem. E ele se puder alcançar-lhe a importância, os dois, o sujeito do conhecimento e o seu objeto serão libertados de todas as limitações.*[45]

Nos depoimentos de Tuneu vamos acompanhando as transformações da deusa aos seus olhos: *A Tarsila era, para mim, uma pessoa que tinha um poder muito grande (...) Ela possuía uma visão mental da pintura via cubismo (...) Ela estava ingênua para o contexto em que se vivia (...) A Tarsila com 70 anos se divertia com as coisas (...) Imagine com quase 90 anos e querendo mais !!! (...) Era muito otimista, muito feminina, sensível, aberta, generosa...*

As observações vão indicando mudanças sutis no dinamismo do relacionamento entre os dois, que ultrapassou, com certeza, os limites da relação professor-aluno.

Tuneu reconhece que é difícil falar em aprendizado quando as coisas acontecem espontaneamente, mas ao longo de suas evocações vamos apreendendo o *método de Tarsila*.

Desde o início, o ponto de encontro entre eles é o desenho de Tuneu. Ela descobre um desenho e o convida a levar seus outros desenhos até ela. A relação se estabelece, portanto, através do trabalho de Tuneu. A partir deste convite, Tuneu passa a produzir em sua casa e a levar, semanalmente, seus trabalhos para Tarsila que comenta, sugere mudanças, indica caminhos.

Algumas vezes ele observa uma pintura que ela está produzindo, mas isto é raro, porque ela já pintava muito pouco nesta época. Em outras, pintam juntos quando ela ensina técnica de aquarela ou de tinta a óleo.

Pintei com a Tarsila poucas vezes. Quando comecei a me interessar pela aquarela, foi uma coisa que experimentamos, mais ou menos juntos (...) Nunca trabalhei muito com óleo, mas aprendi com ela a ver o mecanismo da tinta, a transparência (...) Geralmente ela me deixava produzir e depois elaborávamos intelectualmente em cima do que eu havia feito. Ela concordava ou não, mas eu sempre tive o meu espaço.

Tarsila ensinava *a pôr em ação os materiais* ou, como diria Mário de Andrade — *ensinava o artesanato da pintura*.[46]

Porém não se limitava a isto, ela discutia o que ele produzia e era sempre em cima da produção da semana que giravam as conversas entre os dois: ... *a maior parte do tempo eu produzia autônomo, e toda semana discutíamos a minha produção. Eu trabalhava em cima de sugestões que ouvia, que não eram leis. Ela me mostrava aspectos do que ela via, e como ela entendia. Ela mostrava experiências: diluir aqui... deixar mais denso aqui... aqui precisa soltar a mão... ou aqui precisa organizar mais. E a partir disso eu começava a enxergar e partia de novo para o trabalho, levando em conta — às vezes não — e discutindo por que não e voltava de novo e mais discussão...*

Considerando a abrangência da formação de Tarsila, podemos imaginar o mundo que se abria para Tuneu através destes comentários. Mas, apesar da profundidade de sua visão e de sua experiência artística — ou exatamente por isso —, ela nunca impôs um caminho, nem apresentou modelos. O centro do trabalho era o desenho de Tuneu, o tempo todo ela o colocava diante dos seus próprios projetos. Tarsila assumia o papel de interlocutora, uma interlocutora muito especial — sem dúvida, mas a obra a ser gerada era a dele.

Ela nunca disse: 'Seja você'. Ela me deixou ser. Não ficou falando, não ficou explicando. Depois de um tempo é que fui entender que tipo de pessoa ela era, que simplesmente me deixou ser... Mas isso, eu levei um tempo para perceber...

Das lições aprendidas no ateliê de Lhote, Tarsila destacara na memória, como uma das mais importantes, a aula com Marie Blanchard quando percebeu *quanto é difícil desaprender e quanto custa não ser o outro*. Talvez por esta razão tenha poupado Tuneu do *desaprendizado*, incentivando-o desde o início a seguir seu próprio caminho.

Para os tibetanos, o discípulo deve servir-se da luz do seu próprio método para descobrir a sabedoria que reside em si mesmo. A verdadeira iniciação é a dos *iniciados por si mesmos*. Atitude que está de acordo com as palavras de Buda: *Sede vosso próprio guia e vosso próprio archote*, que encontrou eco fiel no Tibete: *Os homens procuram protetores e guias fora de si mesmos e se enterram assim na dor.*[47]

Esta concepção de iniciação, contudo, parece ser mais antiga do que o budismo, pois já existia no Egito, como parte dos ensinamentos herméticos. De acordo com o hermetismo, os sábios antigos acreditavam que um homem só possuía a verdade quando esta se tornava parte íntima do seu ser, como um ato espontâneo de sua alma. E nessa longa aprendizagem para conquistar a força pelo poder da ciência, os mestres deixavam o discípulo completamente entregue a si mesmo.[48]

Não temos indícios de que Tarsila tivesse interesse por filosofias iniciáticas. Sua sabedoria provinha, provavelmente, do profundo mergulho que fizera em si mesma para gerar sua própria obra.

Encontro, em sua postura como mestra, uma aproximação intuitiva com a teoria junguiana, que propõe que não se deve interferir, mas sim permitir ao indivíduo desenvolver-se segundo suas próprias leis. *Só aquilo que somos realmente tem o poder de curar-nos*[49], escreveu Jung, acrescentando mais tarde: *É irresistivelmente forte o impulso de uma pessoa para tornar-se aquilo que é.*[50]

A teoria de Jung fundamenta-se na ética da auto-realização já conhecida na Grécia Antiga. No templo de Apolo, em Delfos, encontramos a inscrição: *Conhece-te a ti mesmo*. E são do poeta Píndaro (439aC) as palavras: *Torne-se você mesmo*, que Platão, e depois Aristóteles, retomaram formulando a ética da auto-realização, que consiste em *tornar explícito aquilo que, implicitamente, alguém já é.*[51]

E não foram somente os gregos que inspiraram Jung. Estudioso que foi da alquimia, afinou-se especialmente com Paracelso, cujo lema era *Aquele que pode ser ele próprio, não deveria ser outro.*[52]

Tarsila, que havia escapado do perigo de ser *o outro*, vencendo um longo caminho *a fim de ser a única*[53], parece ter facilitado a Tuneu o acesso ao seu próprio mundo interior, abstendo-se de impor-lhe modelos.

Porém, acreditamos que, apesar de Tarsila realmente não se colocar como modelo, nem impor um modelo de pintura, ela foi certamente o modelo de Tuneu. Foi o modelo enquanto atitude diante da vida. São as qualidades humanas de Tarsila que o impressionaram profundamente deixando, com certeza, marcas em sua pintura.

Se, de um lado, o desenvolvimento plástico de Tuneu seguiu sempre um rumo muito pessoal, através do seu *abstracionismo estrutural —*

como bem definiu Theon Spanudis — o rigor de sua pintura, o respeito pelo *métier*, o sentido da construção, são características suas que a convivência com Tarsila pode ter acentuado visivelmente.

As semelhanças entre os dois residem mais na essência da pintura de ambos do que nas aparências.

Colocando, lado a lado, uma crítica ao trabalho de Tarsila escrita por Renato Almeida, em 1924, e outra de João Cândido Galvão sobre uma exposição de Tuneu de 1993, podemos observar coincidências:

A Sra. Tarsila do Amaral, que foi impressionista, fez depois o seu 'serviço militar' e hoje procura se libertar do cubismo integral, é, por excelência, uma artista cerebral*.[54]

*Tuneu-ODE é o nome da exposição que reúne aquarelas recentes em pequenos formatos do artista. **Cerebral por excelência***, denodado defensor da questão construtivista na arte, ele permite-se, no entanto, divagações líricas de grande beleza.*[55]

Podemos atribuir estas coincidências à profunda afinidade entre eles, mas precisamos também considerar dois aspectos importantes do processo de formação descrito por Tuneu: um de natureza consciente e outro inconsciente.

O primeiro — o consciente — reside na visão de pintura de Tarsila passada a Tuneu através dos comentários sobre seus desenhos e que ele, diligentemente, ia assimilando e incorporando ao seu próprio trabalho.

Ela possuía uma visão mental da pintura via cubismo. Um quadro dela, se tinha um azul aqui, o azul estava também ali e o amarelo... Quer dizer, tinha uma leitura. E leitura eu aprendi desde criança (...) Ela sempre me mostrava isso através do que eu fazia.

O segundo aspecto — o inconsciente — deve-se ao significativo papel que a educação pelo exemplo desempenha na formação dos jovens.

Esta espécie de educação ocorre espontaneamente e de modo inconsciente, por isso é também a forma mais antiga, e talvez, a mais eficaz de toda

---

* Grifos nossos.

e qualquer educação [56], escreveu Jung, explicando que isto acontece em função de uma propriedade primitiva da psique, que Lévy Bruhl chamou de *participação mística*. Este tipo de educação é a mais eficiente porque se baseia no *contágio* inconsciente, que ocorre quando existe identidade psíquica entre educador e educando.

Podemos acompanhar, claramente, a atuação deste mecanismo inconsciente nos comentários de Tuneu: *Na formação artística é muito importante a possibilidade de conviver, de estar instalado na aura de um artista (...) Existe todo um mecanismo que não tem discurso que explique. É uma coisa acima. É uma coisa da alma humana. É estar instalado numa situação específica que age sobre o mundo de uma certa maneira. O que eu tinha com a Tarsila era uma convivência muito grande, muito intensa, eu não saberia explicar (...) Os artistas são pessoas que têm uma magia. Uma ação que é mágica, alquímica, transformadora. Então, estar ao lado de uma pessoa assim e perceber sua intuição agindo é uma coisa que não se explica (...) Não é preciso aprender no sentido acadêmico. É necessário estar instalado numa situação onde o silêncio é tão importante quanto a ação.* E Tuneu observa, ainda, que acima de tudo, ele estava fascinado pelo modo de vida dela:

A pessoa que ela era também me deu elementos (...) Ela era uma pessoa muito otimista, muito feminina, sensível, aberta, generosa... Aprendi isso, espelhei-me no exemplo literalmente.

Na visão de Jung, *aquilo que atua não é o que o educador ensina mediante palavras mas aquilo que ele verdadeiramente é. Todo educador, no sentido mais amplo do termo, deveria propor-se sempre e de novo a pergunta essencial: se ele procura realizar em si mesmo e em sua vida do melhor modo possível e de acordo com sua consciência, tudo aquilo que ensina.*[57]

Tarsila não precisava se colocar esta pergunta. Sua obra já seria uma resposta por demais contundente. Lembrando que a convivência entre os dois se deu quando ela já era uma senhora plenamente realizada (provavelmente teria mais de 70 anos), podemos inferir que o peso de sua obra, com certeza, influenciou Tuneu. Mas o que atuou sobre ele foi, principalmente, a sua personalidade.

Tarsila era uma pessoa de uma personalidade muito forte. Ela dizia sem dizer. Esta é uma coisa que fui perceber mais tarde. É coisa de mestre (...) Deixa o outro procurar. Não precisa falar muito, revela.

Em outro momento, quando descreve o *ar que se respirava em torno dela*, somos transportados para um outro tempo, com um ritmo mais lento, um tempo rural com uma atmosfera de início de século XX. Percebemos, então, Tuneu desfrutando os cafezinhos intermináveis depois do almoço, convivendo com a filha dela — Dulce, com Souza Lima, com as memórias de Paris dos anos 20, com as lembranças do *Cadillac* do Oswald, com o modernismo...

Toda esta vivência pode ter facilitado a Tuneu o acesso à personalidade da mestra, o que — segundo Jung — é um fator decisivo num processo de formação pois agindo como um rito de puberdade, auxilia o adolescente a se libertar de sua família e construir uma identidade independente.

O professor precisa abrir sua personalidade à criança ou, ao menos, dar oportunidades de que ela mesma encontre o acesso. Desde que o relacionamento pessoal entre a criança e o professor seja bom, pouca importância terá se o método didático corresponde ou não às exigências mais modernas. O êxito do ensino não depende do método. De acordo com a verdadeira finalidade da escola, o mais importante não é abarrotar de conhecimentos a cabeça das crianças, mas sim contribuir para que possam tornar-se adultos de verdade. O que importa não é o grau de saber com que a criança termina a escola, mas se a escola conseguiu ou não libertar o jovem ser humano de sua identidade com a família e torná-lo consciente de si próprio. Sem esta consciência de si mesma, a pessoa jamais saberá o que deseja de verdade, mas continuará sempre na dependência da família e apenas procurará imitar os outros, experimentando o sentimento de estar sendo desconhecida e oprimida pelos outros.[58]

Além das experiências vividas através da convivência com Tarsila, muito cedo Tuneu começa a se aventurar também no mundo dos museus e exposições, abrindo-se, assim, para um universo mais amplo. Tarsila continua sendo o centro, o ponto de referência para onde ele sempre volta: o porto seguro. Mas o círculo começa a se ampliar. *Eu cir-*

culava, estava aberto, via tudo que era possível, livros, exposições. Todas as possíveis e imagináveis...

A primeira descoberta é o MASP, onde ele se aventura sozinho, sem contar para ninguém. Segredo compartilhado apenas com Tarsila, que assume, então, um novo papel: cúmplice-confidente... É curioso notar como ela vai se adaptando, acolhendo as necessidades que vão surgindo... Talvez por esta razão a tenhamos associado com a *Deusa de todas as Formas*, que Campbell descreve como: *o modelo dos modelos de perfeição, a resposta a todos os desejos, de onde provêm as bênçãos da busca terrena ou divina de todo herói.*[59]

Tuneu não deixa claro se foi Tarsila quem o incentivou a fazer estas excursões solitárias, conhecedora que era da importância de *freqüentar os grandes artistas*, mas sabemos que ela não só recebia muito bem estas iniciativas, como também o ajudava a organizar suas impressões.

Tarsila era a grande referência, me fazia falta não estar com ela. Com ela, eu organizava minha impressão do mundo.

Suas descrições do MASP, da 7 de Abril, são reveladoras do processo interior pelo qual ele estava passando.

Fui ao MASP sozinho, a primeira vez com 12 anos. (...) Entrei e andei sozinho. Não ia ninguém naquele museu. Tinha um 'gato pingado' aqui, outro ali. Tomei prazer. Aquilo ficou meio uterino. Era na 7 de Abril, no segundo andar dos Diários Associados. Era um ambiente para dentro, todo fechado. O MASP hoje tem aquela coisa para fora, mas antes era diferente. Era um contato muito forte, mesmo que eu não entendesse certas coisas. Estar na frente de um Rembrandt com 12, 13, 14 anos é fundamental. Hoje sou capaz de entender como aquela pintura é feita, tenho uma leitura. Tenho outro repertório de informação que abrange muito mais coisas. Sei que azul é aquele. Mas, com 12 anos, é fundamental o contato, não importa o azul, não importa a química. Isto vem depois. Mas era um ambiente transformador para mim.

Começou, assim, a ampliação do seu repertório visual, indispensável a sua formação artística. Conviver com o mundo da pintura, estar diante de um Rembrandt, parece ter sido tão essencial para ele quanto as experiências com os lápis e os pincéis.

O MASP oferecia-lhe a possibilidade de conviver com outros mestres, permitindo que se alimentasse na fonte e que, mesmo sem ter ainda a compreensão intelectual dos processos da pintura, fosse impressionado, sensibilizado por eles.

Em *A cor dos meus sonhos*, Miró comenta a impressão que as visitas solitárias ao Museu de Montjüch, na infância, lhe causavam: *Sim, com oito ou dez anos eu ia sozinho, todo domingo de manhã, ao Museu de Arte Romana... Ficava embevecido. Além dos afrescos romanos da Cataluña, havia também uma sala com reproduções de afrescos das grutas pré-históricas. Nunca consegui esquecer.*[60]

Tuneu qualifica o ambiente fechado do MASP com o termo *uterino*. Nestas visitas parecia estar procurando abrir-se para o mundo da arte e, ao mesmo tempo, procurando um abrigo, um continente para suas transformações internas. Provavelmente a forte impressão que os quadros do museu lhe causavam, remetiam-no ao seu próprio espaço interior, onde estas sensações eram depois transformadas em pintura. Ele mesmo reconhece que o ambiente do museu era transformador.

Estas observações levam-nos, mais uma vez, à interpretação que Eliade faz dos ritos de passagem como um regresso ao útero. Assim, a necessidade de um ambiente uterino parece sugerir que Tuneu estava passando por um período de incubação, necessário à gestação de sua obra futura.

Laura Villares associa a idéia da incubadeira ao *temenos*, o lugar sagrado onde, nos ritos de iniciação, ocorre a transformação que levará ao nascimento da individualidade.[61]

Contudo, Tuneu não se limita ao MASP, começa a procurar outros espaços, e ao se expor a tantos estímulos começa a perceber, intuitivamente, o que é seu e o que não é seu internamente.

Os encontros constantes com a Tarsila me davam um parâmetro. (...) Eu ficava só contando, levava os catálogos todos, ela via e fazia seus comentários. Era superengraçado, superbonito. Mostrei para ela o Rauschenberg, por exemplo. E quando ela viu aquilo disse: 'Isto é dadá, dadá revisto, mas dadá — sem dúvida!'.

Percebo que neste ponto surge um dado novo na relação entre os dois: Tarsila, que até então é a fonte, passa a receber informação nova — Rauschenberg — através de Tuneu.

Num relacionamento como o deles, parece ser positiva essa possibilidade de inversão, ainda que muito sutil, nos papéis. *Descobrir que a figura dos pais não é, em muitos aspectos, tão onisciente, toda-poderosa e perfeita como esperado que, auxilia, mais tarde, a criança a tornar-se um adulto independente.*[62]

A imobilidade física de Tarsila — que nesta época já não podia andar — abre espaço para que Tuneu passe a ser aquele que lhe traz a informação, e não apenas receba dela.

Guggenbuhl mostra que os relacionamentos constelam situações arquetípicas bipolares: pai/filho, terapeuta/paciente, mestre/discípulo. O amadurecimento nestas relações acontece quando pode haver uma inversão de papéis. Quando o filho consegue constelar o pai dentro dele, torna-se enfim independente do pai, passando a ter com ele uma relação de igualdade.[63]

Na relação Tarsila-Tuneu começamos a observar os sinais da independência quando o discípulo passa a constelar o mestre interno, tornando-se aquele que também informa.

Tarsila parece ter facilitado este processo, à medida em que se colocou sempre como uma mestra-aprendiz, por seu constante interesse pelo conhecimento.

Ela pintava muito pouco naquela época. Nos últimos anos ela fazia um esforço, mas não tinha rendimento, estava muito limitada fisicamente. Mas estudava inglês. Dizia que precisava aperfeiçoar o inglês e estava sempre estudando alguma coisa. Era uma pessoa que estava sempre querendo saber mais. Falava seis línguas, inclusive o inglês, e achava que precisava aperfeiçoar. Imagine com quase 90 anos, e querendo mais!!! Isso é uma pessoa que está viva!

Neste comentário Tuneu percebe Tarsila como a mestra-aprendiz, aquela para quem o conhecimento é busca constante. Constelando o arquétipo da mestra-aprendiz, ela possivelmente favoreceu o desenvolvimento do aprendiz-mestre em Tuneu.

Num relacionamento ambos os participantes atuam sempre de modo criativo. O que cada um está fantasiando, a imagem que carrega dentro de si sobre o outro, certamente influenciará este e, por assim dizer, criará de novo cada dia, o seu ser.[64]

As expectativas que Tarsila projetou sobre o adolescente Tuneu também devem ter atuado sobre ele, ativando seu processo de formação. Nos breves comentários que fez anos mais tarde, apresentando as primeiras exposições de Tuneu, podemos vislumbrar a dimensão destas expectativas:

Conheci Tuneu quando era ele um menino. Não me enganei ao predizer suas qualidades inatas: sendo de equilíbrio e um grande amor ao trabalho. Uma palavrinha de incentivo bastava para melhorar seus desenhos a lápis. Hoje aí estão trabalhos que merecem figurar em boas coleções (27/9/1966).

Ainda não tive (e espero não ter) nenhuma desilusão com Tuneu porque vejo-o sempre otimista, esperando o melhor, apesar das lutas que enfrenta para manter-se vitorioso na carreira que escolheu (1967).

As observações de Tarsila indicam que ela anteviu o artista na criança e, percebendo seus dons inatos, procurou estimulá-lo para que realizasse o que naturalmente já era seu.

Com o passar do tempo, com o reconhecimento que o trabalho de Tuneu vai conquistando por seus próprios méritos, seus comentários vão ficando mais entusiasmados. Mas também podemos perceber que, de alguma maneira, ela o responsabiliza, compromete-o com a realização de suas previsões.

Parabéns a Tuneu por ter realizado minha previsão, achando-se agora entre os primeiros na vanguarda da jovem pintura brasileira.

Tarsila do Amaral

S. Paulo 3-3-68

A abrangência da ação de Tarsila na iniciação artística de Tuneu deve-se, principalmente, ao fato de ter reconhecido o dom, e tê-lo acolhido, um acolhimento ativo que atuou como *vaso alquímico*, onde o processo de transformação pode ocorrer. Observando as tendências plásticas de Tuneu ainda menino, facilitou-lhe a percepção e realização destas tendências como obra.

Com o cuidado de não transformar suas observações em leis, parecia reconhecer a profunda ascendência que tinha sobre ele e procurava impedir que isto o abafasse. Talvez, porque a delicadeza fosse mesmo um traço de sua personalidade, como observou Patrícia Galvão: *Esta delicadeza iria mais longe ainda no desejo de não ferir susceptibilidades.*[65] Ou porque, em seu próprio processo de formação, procurara *ouvir dos professores só o que lhe convinha, torcendo os processos aprendidos a seu próprio modo*, e, portanto, deixasse para Tuneu a tarefa de recriar os ensinamentos que recebia dela.

Ela não gostava muito de arte abstrata, por uma questão de formação, e eu sempre impus minha opção pela abstração. Nós também nos desafiamos com o mestre. Com o mestre podemos ter um desafio (...). A abstração não era a preferência dela, e o que mais me interessa é a abstração.

Neste ponto Tuneu começa a falar em suas opções plásticas, indicando que está se desprendendo do casulo para alçar vôo com suas próprias asas.

Fala em desafiar a mestra, mas ainda está vivendo sob o signo da ânima. E o desafio é ainda desafio consentido, acolhido e acalentado pelo ritmo do feminino, onde *o tempo caminha em contínuo, numa duração que se escoa calmamente...*[66]

Mas Bachelard nos recorda que em cada ser humano, *o relógio das horas masculinas e o relógio das horas femininas não pertencem ao reino dos números e das medidas (...) O relógio masculino tem o dinamismo do tranco.*[67]

E Tuneu vai conhecer o dinamismo do tranco, quando se vê diante do desafio da obra de Wesley Duke Lee.

REFERÊNCIAS BIBLIOGRÁFICAS

1. ANDRADE, M. – *Carta a Tarsila, in* AMARAL, A. – *Tarsila, sua obra e seu tempo*, São Paulo, Perspectiva, v.I, 1975, p. 363.

2. GALVÃO, P. – *Tarsila do Amaral vai nos devolver alguma coisa dos dias idos e vividos, em sua retrospectiva*, São Paulo, Fanfulla, 10 dez 1950, in Amaral, A. Op. cit., 1975, p. 73.

3. AMARAL, Op. cit., 1975, p. 27.

4. MILLIET, S. – *Artistas da nossa terra*, O Estado de São Paulo, 17 de junho de 1943, III, in Amaral, A. Op. cit., 1975, p. 470.

5. AMARAL, Idem, p. 28.
6. AMARAL, Idem, p. 31.
7. AMARAL, Idem, p. 39.
8. AMARAL, Idem, p. 46.
9. AMARAL, Idem, p. 39.
10. PICCHIA, M. – *A Semana Revolu-cionária*, São Paulo, Campinas: Pontes Editores, 1992, p. 79.

11. PICCHIA, M. – *Crônica Social, in* AMARAL, A. Op. cit., 1975, p. 47.

12. AMARAL, A. Op. cit., 1975, p. 58.
13. AMARAL, Ibidem.
14. AMARAL, Idem, p. 81.
15. AMARAL, ibidem.
16. AMARAL, Idem, p. 83.
17. AMARAL, Idem, p. 85.
18. AMARAL, Idem, p. 81.
19. AMARAL, Idem, p. 103.
20. AMARAL, Idem, p. 109.
21. AMARAL, Idem, p. 161.
22. AMARAL, Idem, p. 95.
23. AMARAL, Idem, p. 96.
24. READ, H. – *História da Pintura Mo-*

derna, São Paulo, Círculo do Livro, s/d, p. 87.
25. AMARAL, Idem, p. 97.
26. AMARAL, Idem, p. 97.
27. AMARAL, Idem, p. 98.
28. AMARAL, Idem, Ibidem.
29. AMARAL, Idem, p. 113.
30. AMARAL, Idem, p. 217.
31. AMARAL, Idem, p. 101.
32. CAMPOS, H. – *Catálogo Tarsila 1918-1968*, Museu de Arte Moderna do Rio de Janeiro, in Amaral, A. Op. cit., 1975, p. 484.
33. LIMA, J. – *O Jornal*, Rio de Janeiro, 07 de julho de 1929, in Amaral, A. Op. cit., 1975, p. 458.
34. MILLIET, S. in PONTUAL, R. – *Dicionário das Artes Plásticas no Brasil*, Rio de Janeiro, Editora Civilização Brasileira, 1969, p. 513.
35. PONTUAL, Op. cit., p. 527.
36. PIAGET, J. – A educação artística e a psicologia da criança, *Revista de Pedagogia*, nº XXX, 1966.
37. AMARAL, Op. cit., 1975, p. 217.
38. STAUDE, J.R. – *O desenvolvimento adulto de C.G. Jung*, São Paulo, Cultrix, 1988, p. 66.
39. STAUDE, Ibidem.
40. JUNG, C.G. – *Psicologia e Alquimia*, Petrópolis, Rio de Janeiro, Vozes, 1990, p. 249.
41. ELIADE, M. – *Origens*, Lisboa, Edições 70, 1989, p. 139.
42. CAMPBELL, J. – *O poder do mito*, São Paulo, Editora Palas Athena, 1993, p. 101.
43. JUNG, C.G. – *Símbolos da Transformação*, Petrópolis, Rio de Janeiro, Vozes, 1986, p. 310.
44. SILVEIRA, N. – *Jung: vida e obra*, Rio de Janeiro, Paz e Terra, 1981, p. 166.
45. CAMPBELL, J. – *O herói das mil faces*, São Paulo, Cultrix, 1993, p. 117.
46. ANDRADE, M. – *O baile das quatro artes*, São Paulo, Livraria Martins Editora, 1963, p. 11.
47. DAVID-NÉEL, A. – *Iniciações tibetanas*, São Paulo, Pensamento, s/d., p. 138.
48. SCHURÉ, E. – *Hermes*, São Paulo, Martin Claret Editores, 1986, p. 33.

49. JUNG, C.G. – *O eu e o inconsciente*, Petrópolis, Rio de Janeiro: Vozes, 1978, p. 43.
50. JUNG, C.G. – Uma conversa com estudantes no Instituto, in McGuire, W. e Hull, R.G. – *C.G. Jung, Entrevistas e Encontros*, São Paulo: Cultrix, 1982, p. 319.
51. STAUDE, Op. cit., 1988, p. 99.
52. HOELLER, S. – *A gnose de Jung e os sete sermões aos mortos*, São Paulo, Cultrix, 1990, p. 66.
53. LIMA, Op. cit., 1975, p. 458.
54. ALMEIDA, R. – Num ateliê cubista, in *América Brasileira*, Ano III, nº.26, fev. 1924, p. 41 in Amaral, A. Op. cit., 1975, p. 117.
55. GALVÃO, J.C. – Tuneu, in São Paulo: *Vip*, dez 93 e jan 94, p. 1.
56. JUNG, C.G. – *O desenvolvimento da personalidade*, Petrópolis, Rio de Janeiro, Vozes, 1981, p. 155.
57. JUNG, Idem, p. 60.
58. JUNG, Ibidem.
59. CAMPBELL, Op. cit., 1993, p. 112.
60. MIRÓ, J. – *A cor dos meus sonhos – Entrevistas com Georges Raillard*, São Paulo, Estação Liberdade, 1992, p. 17.
61. VILLARES, L. – A Psicoterapia: um rito moderno de iniciação, in *Boletim de Psicologia*, v. XXVIII, nº 88/89, jan/dez 1989, p. 16.
62. JACOBY, M. – *O encontro analítico*, São Paulo, Cultrix, 1987, p. 61.
63. GUGGENBUHL – O relacionamento terapêutico na visão da Psicologia analítica de C.G. Jung, in Battegay-Trenkel – *O relacionamento terapêutico na visão das diferentes escolas psicoterapêuticas*, Stuttgart, Hans Huger, 1978 (adaptação para estudos críticos, em apostila do Centro de Integração e Desenvolvimento, tradução do prof. Pethö Sandor).
64. GUGGENBUHL, Idem.
65. GALVÃO, P. – *Tarsila do Amaral vai nos devolver alguma coisa dos dias idos e vividos, em sua mostra retrospectiva*, Fanfulla, SP, 10 de dezembro de 1950, in Amaral, A. Op. cit., 1975, p. 73.
66. Bachelard, G. – *A poética do devaneio*, São Paulo, Martins Fontes, 1988, p. 57.
67. Bachelard, Idem.

a descoberta do mago

... *Wesley é o prestidigitador, o bruxo, o sábio. Duke-Rei, Lee túrgido e litúrgico, chamou o nosso Príncipe às falas. Disse: vem cá, ó Enxofre. O Príncipe obedeceu cabisbaixo. Ele é a nossa racionalidade, a metafísica infiltrada na Lógica, que nós, subdemônios, usamos para explicar tudo que continua inexplicável...*[1]

Apresentado por Mário Chamie como o bruxo-sábio, Wesley Duke Lee inaugura, em outubro de 77, mais uma exposição individual. Apesar de já haver passado mais de 10 anos do escândalo provocado por sua *Série das ligas*, ainda era visto como o mago que transtornava a intelectualidade paulistana.

No início da década de 60, Wesley retornava a São Paulo, trazendo na bagagem a experiência de ter morado três anos na Europa, onde trabalhou e estudou pintura e gravura depois de ter vivido em Nova York de 52 a 55, freqüentando a Parsons School of Design.

Sua bagagem incluía desde a convivência com o expressionismo abstrato e a *pop* — que viu nascer nas primeiras exposições de Rauschenberg nos porões de Nova York — somada ao profundo impacto da descoberta de Marcel Duchamp no MoMA, até a sedução pelo estilo de Klimt e Schiele, que lhe foram revelados durante sua estada em Viena, em 59.

Wesley, o mago cosmopolita, entra em rota de colisão com a intelectualidade paulistana incapaz de assimilar o seu *Realismo mágico*:

Em São Paulo, logo após a minha chegada, o momento foi de grande ebulição: o Realismo Mágico surgiu aí, e uma série de movimentos foram detonados. Na pintura que eu fazia iniciou-se uma definição individual, um traço particular que, por ser novo, recebeu forte reação contrária. É fácil compreender, pois eu mexia diretamente no 'status quo'. A intenção nem era essa somente, eu mostrava o que estava fazendo, minha 'imaginária' pessoal, fruto do meu aprendizado e vivência.[2]

Apesar da forte resistência que encontra, sem muitas opções de espaços para expor e sendo, inclusive, cortado da Bienal, Wesley já havia construído um percurso consistente como artista, quando faz a exposição da Galeria Atrium, em setembro de 64, que tanto abalou Tuneu.

'Pau-Brasil' (o nome da exposição era este) foi, sobretudo, uma grande surpresa — comenta Wesley — *realmente eu não tinha noção do que tinha feito, foi exposto e explodiu. Essa exposição da ATRIUM foi mesmo uma explosão! Os trabalhos eram os que depois foram para Tóquio e ganharam o prêmio.*[3]

Com o mesmo nome da primeira fase da pintura de Tarsila (quando ela expôs em Paris em 1926), *Pau-Brasil* era a sétima exposição individual de Wesley, sendo que duas haviam acontecido na Europa (uma em Milão em 63 e outra em Viena em 64). E, além de ter participado de diversas coletivas e de salões nacionais e internacionais, havia também provocado o primeiro *happening* no Brasil, no João Sebastião Bar, em 63.

Portanto, num curto espaço de tempo, de 1961 a 1964, Wesley havia projetado sua obra, embora continuasse provocando reações violentas. Havia, então, optado pela ação individual ou — como diria Otávio Paz, *fazia da marginalidade sua pátria.*[4]

Em depoimento a Cacilda Teixeira da Costa, anos mais tarde, Wesley pondera que não pretendia provocar reações tão violentas, pois isto o isolava dos demais:

Estava a fim de me unir aos outros e assim era mais marginalizado. Posso dizer que não é fácil ser marginal. No entanto, o que faz ser um artista, isto é, o acesso que você tem a certos estados, marginaliza automaticamente e não há saída (...) Com o tempo compreendi que a segregação, a impossibilidade de assimilação, fazem parte do processo e que é preciso aceitá-las. Quando mais jovem resistia à marginalidade (hoje até brinco com a coisa).[5]

Wesley vinha de um percurso de formação onde o dadaísmo, revisitado pela *pop*, tinha um peso muito grande. Lendo o manifesto dadaísta de Hielsenbeck, podemos encontrar pontos de contato e talvez até compreender melhor a polêmica que girava em torno dos trabalhos de Wesley:

A arte depende, em sua execução e direção do tempo em que vive, os artistas são os criadores de sua época... Os melhores artistas, os mais inauditos, serão aqueles que a todo momento retornarão às beiradas dos seus corpos no fragor das cataratas da vida, e perseguindo a inteligência do seu tempo, sangrarão das mãos e do coração.[6]

Wesley estava sempre se equilibrando *no fragor das cataratas da vida*. Em janeiro de 64, convida Millôr Fernandes para escrever a apresentação de sua exposição na Petite Galerie, no Rio de Janeiro, contrariando o costume de delegar esta tarefa aos críticos de arte.

O texto de Millôr nos dá a medida da polêmica que seus trabalhos despertavam: ... as Ligas, cujos desenhos admiráveis pertencem visivelmente à parte realista de Wesley, são uma impressão profunda, lasciva — portanto pura — da mulher, ajaezada, encilhada, adornada e rendada, pronta para o ato final da espécie, dar: verbo não transitivo. Wesley é quase um escândalo. Duke Lee um dia vai para a cadeia. Quanto à parte mágica desse realismo está toda expressa nos quadros em que fala da Busca do Chefe, da Criação e Confecção do Chefe e — em dias que hão de vir, milênio dos místicos — no Encontro do Chefe. O Chefe, reminiscência das histórias em quadrinhos ('Pegamos o homem, chefe!') é, sobretudo, ânsia social dos países livres cansados de sua liberdade e falta de chefia ('O Bigodudo vem aí') e terror dos países totalitários e socializados, onde pode faltar tudo, menos chefe.

Wesley Duke Lee é, assim, um artista que pensa mas sua plástica, já se percebe, antecipa-se à idéia — ele só pensa depois que vê. E o que ele vê são magos, magias, távolas redondas, cavalheiros templários e inúteis cintos de castidade — a carne é forte. A sua arte está tão cheia desses elementos, e esses elementos estão ali tão bem expressos que nunca se sabe se Wesley está usando pólvora para estourar o mundo ou magnésia para tirar retratos de antigos casamentos já amarelados pelo tempo. A exposição de Wesley é, além do mais, bonita, numa época de artes feias. Seu artesanato é deslumbrante. Quero dizer — é um desenhista que sabe desenhar e um pintor que sabe pintar quando isso já nos parecia desnecessário. É o mais abstrato dos artistas figurativos, o mais deslavado pintor de retratos abstracionistas, suas cores são terrivelmente políticas e seus títulos político sociais, bem se nota, nada têm a ver com política e sociedade. Um eclético? Um transviado.[7]

Este é o artista que Tuneu descobre ao entrar na Galeria Atrium, em setembro de 64: um transviado eclético, que desafiava, com um artesanato deslumbrante, cheio de ironia, os tabus de uma sociedade machista.

Eu estava vendo muitas exposições — relata Tuneu — *mas a grande descoberta foi quando entrei na exposição do Wesley, em 64, na Galeria Atrium. Aquilo foi uma coisa fantástica. Era a antítese de tudo que eu estava tendo como formação. Revolucionou minha cabeça. Talvez não fosse realmente a antítese, porque se me fascinou tanto é porque alguma ressonância tinha para mim.*

Diante da perplexidade de Tuneu, passei a me perguntar por que o universo de Wesley o teria fascinado tanto?

Além disso, também estava surpreendida com este fascínio, porque não esperava encontrar a obra de Wesley tão profundamente relacionada, na memória de Tuneu, com o seu próprio período de formação.

Não havia encontrado vestígios da influência de Wesley na obra de Tuneu e sabia que ele não havia sido seu professor. Porém, quando tive oportunidade de entrar em contato com os primeiros trabalhos de Tuneu, pude reconhecer neles a marca de Wesley. Mas estas são observações que irão ser discutidas mais adiante.

Inicialmente as minhas perguntas giravam em torno dos motivos da revolução na cabeça de Tuneu. Do ponto de vista formal era realmente a antítese da formação cubista que Tuneu vinha recebendo.

Seria, então, o fascínio pela novidade? A descoberta de novas possibilidades de articulação da linguagem plástica?

Ao mesmo tempo, Tuneu coloca uma dúvida: Seria realmente a antítese? Para em seguida revelar: ... *E através do tempo — e conhecendo o próprio Wesley — eu comecei a perceber que o que me interessava, entre outras coisas, é que ele não desenhava necessariamente o nu: ele estava trabalhando o feminino.*

Seria então o conteúdo simbólico da pintura de Wesley a razão do encantamento? Porém, Tuneu diz *entre outras coisas*, deixando aberto o espaço para indagações diversas.

Procurei, então, me deter, inicialmente, na observação do conteúdo simbólico das obras de Wesley naquele período. E encontro, em relatos do próprio artista, a razão de ser deste fascínio: ... *Hoje, analisando estes trabalhos e suas referências simbólicas, me parecem míticos, primitivos. Era um rito de iniciação primário, uma homenagem à grande mãe, alguma coisa interior, parte de minha evolução. Contudo lidava instintivamente com um assunto muito complicado (e que para os homens é um terror): o princípio feminino. Como manejar o feminino dentro de si? Estava me aproximando do vaso, o vaso máximo que é o útero, onde tudo se põe (...) Era um trabalho ritual.*[8]

Lendo estas observações de Wesley, comecei a me perguntar se as suas pinturas não seriam, aos olhos fascinados de Tuneu, a expressão do seu próprio movimento interno naquela época: um rito de iniciação primário, uma homenagem à grande mãe?

Neste sentido, Wesley passa a ser o outro através do qual Tuneu podia diariamente se reconhecer e se diferenciar:

Fui ver o Wesley todos os dias, porque eu queria entender mesmo tudo aquilo (...) No trabalho dele, 90% é a ânima. Ele fala com propriedade, com um domínio total de um percurso. Por isto ele se expressa daquela maneira. Mas para mim é diferente, porque no meu primeiro momento de formação eu tive a ânima, a Tarsila, a mãe. Eu tive a mãe — a ânima — numa pessoa.

Ávilla Britto observa que Wesley mescla, na mãe originária e original, o seu destino pessoal com o universal. Seus desenhos refletem o destino individual de cada um de nós, fazendo parte do destino do mundo como um todo em evolução, à maneira dos mitos. *Mas mãe, antes de ser mãe, fora (ou é) uma mulher: fonte do desejo e lugar de prazer do homem (...) O útero é para Wesley um recipiente simbólico, mas e ao mesmo tempo, o 'foyer', lugar e centro da iniciação. Origem do homem e do universo, e lugar de todas as modificações e transformações do mundo. Mas também, e principalmente, é um lugar interdito (...) É o lugar ('foyer') do Pai, do homem do Pai, do 'phallus', insígnia da Lei.*[9]

As observações de Ávilla Britto abrem outras questões. Vou percebendo, então, que apesar de estar trabalhando com o princípio feminino, Wesley o faz a partir da visão masculina, buscando a integração da ânima e não a identificação com ela.

Tuneu parece perceber, intuitivamente, a diferença, reconhecendo que Wesley tem um domínio absoluto do discurso. Neste momento Tuneu estava envolvido pela grande mãe, identificado com a ânima, e pergunto se não teria sido este o momento do corte? Teria se sentido exposto diante das pinturas, exilado no seu lugar de filho? Teria sido este o momento da grande cisão?

Penso hoje, que foi realmente uma cisão. Mantenho um percurso cubista, mas acho que se eu fizesse um trabalho figurativo, eu faria 'wesleys'. Apesar de valorizar tanto o meu percurso quanto o dele, dou muito valor ao imaginário que o trabalho dele proporcionou.

Ao mergulhar no imaginário de Wesley, Tuneu avança em sua jornada, passando para outro estágio de sua iniciação, através do confronto com o universo masculino. É um confronto necessário ao desenvolvimento de um processo criativo que só pode acontecer através da integração dos opostos. O processo de transformação ocorre quando as duas partes são incluídas num todo; uma atitude unilateral conduz à esterilidade. É na dinâmica dos opostos que a criação se processa.

Em diferentes descrições de práticas iniciáticas encontro expresso o simbolismo da integração dos opostos. Os tibetanos, por exemplo, consideram que para alcançar a iluminação é necessário que o conhecimento (*cherasb*) una-se ao método (*thabs*)[10]. O conhecimento é identificado com o princípio masculino e o método ao princípio feminino. A iniciação acontece, portanto, através da união do masculino com o feminino.

Eliade observa que a passagem iniciática mobiliza sempre um par de opostos, o que o leva a considerar que os mitos da busca e das provas iniciáticas revelam, sob uma forma clássica e dramática, o ato pelo qual o espírito transcende um cosmo condicionado e fragmentado para receber a unidade fundamental.[11]

A integração dos opostos, no entanto, não ocorre sem tensão. O confronto com o imaginário masculino, que é decisivo para o desenvolvimento da obra de Tuneu, provavelmente, não aconteceu de maneira tranqüila. A sensação de cisão que ele relata indica forte tensão interna. A impressão que transmite é de ter sido virado do avesso, abalado em todos os seus princípios estéticos, arrancado da harmoniosa proteção do mundo feminino.

Observo que quando se refere a Tarsila os adjetivos são sempre de uma perfeição absoluta: ela é a deusa. Enquanto que Wesley é descrito como um alucinado, irônico, maluco, contestador, aquele que dá uma virada total com *uma liberdade completamente absoluta!*

O olhar para Tarsila é de adoração e para Wesley é de fascínio. Ele é o transgressor.

Wesley é o mago que conduz Tuneu a uma viagem ao Hades, onde todas as certezas de sua fortaleza cubista são abaladas, revolucionando *sua cabeça* ao provocar um confronto com as imagens do inconsciente.

Tal como no mito, a situação é a do herói dos primórdios, devorado pelo dragão: a consciência coloca-se numa situação perigosa pela descida ao inconsciente, é como se aparentemente ela se extinguisse.[12] Provavelmente, daí, o medo de fazer *wesleys*, medo de sucumbir na *nekya* (descida) e ficar retido nos domínios de Hades.

Segundo a mitologia grega, Hades — que os romanos chamavam de Plutão, o Invisível, que também significa riquezas — era o senhor das Trevas e ninguém poderia transitar em seus domínios, a não ser que pagasse o tributo da transformação total. Os domínios de Hades levavam o seu nome, e para os gregos era o lugar para onde iam os mortos. Podemos interpretar a transformação total exigida por Hades, como uma morte.

A meta da descida no mito do herói é caracterizada de um modo geral pelo fato deste aventurar-se numa região perigosa (águas abissais, caverna, ilha, castelo etc.) onde poderá encontrar 'o tesouro difícil de ser alcançado' (tesouro, elixir da vida, virgem, vitória sobre a morte etc.). No fundo, o medo e a resistência que todo ser humano experimenta em relação a um mergulho demasiado profundo em si mesmo é o pavor da descida ao Hades. Na realidade, porém, emana desse substrato anímico, desse espaço obscuro e desconhecido uma atração fascinante, a qual ameaça tornar-se mais avassaladora quanto mais nele penetrar.[13]

Na tentativa de compreender o profundo impacto que a obra de Wesley provocou em Tuneu, sinto necessidade de conhecer melhor o pensamento que norteia essa obra.

O trabalho de Wesley — segundo ele próprio — constrói-se através de sua busca de autoconhecimento: *Vivi muitos anos, mas com toda sinceridade, ainda não sei o que é arte (...) Até onde posso precisar, o seu caminho tem sido para mim um caminho de autoconhecimento; mas isso não quer dizer que vou ficar sabendo, só que vou ficar no processo ....*[14] Ou seja, no processo de se conhecer, adentra os caminhos que o conduzem ao inconsciente: *Um lugar de nome Hades, que na conceituação clássica era um lugar que todos precisavam ir* — diz Wesley, e acrescenta: *Hoje sabemos que esse lugar é o inconsciente e que devemos fazer o possível para penetrá-lo. O Hades tornou-se o lugar onde não se vai.*[15]

Wesley foi. É sua própria viagem ao inconsciente, manifesta em sua pintura, que desencadeia no outro a mesma procura. Por isto, sua obra desnorteia: por isto, a sensação de inexplicável: porque provavelmente fala diretamente ao inconsciente do espectador.

Ávila Britto observa que *Duke Lee estafa-se em conhecer e saber que é nos meios, na linguagem que se dá, ou pode se dar, o encontro do seu eu subterrâneo e o mundo. Que toda biografia tece-se no inconsciente, mas também* tece-se numa história. E que a história mais que a biografia do homem, é a história de como o homem modifica esse real. Mas sabe ainda que a história do homem é a biografia do seu inconsciente.[16]

Entrando em contato com o inconsciente, Wesley desperta seu caráter numinoso, e sua busca passa a ser *trabalhar sobre o elemento mágico, o elemento que culmina, que irradia, conta uma história etc. (o etc. quer dizer que eu não sei) e que é extremamente indeterminado...*[17] Passa a transitar, então, nos domínios do mito: *Nas mitologias encontro uma forma poética de expressar (...) por isso estou sempre tão preocupado tentando compreendê-las. Os mitos poetizam e ritualizam, depois vêm os psiquiatras e dizem que são arquétipos; os místicos que são entidades sagradas; os índios que são 'the old people', enfim, cada um tem uma forma especial de revelar esse elemento...*[18]

Aos poucos se nos vai tornando mais claro porque a descoberta da obra de Wesley provocou tantas transformações no processo de formação de Tuneu.

Lembrando que Wesley se auto-intitula *o Mago de Arkadim*, procuro no simbolismo do arquétipo do Mago mais uma chave para compreender o seu papel na iniciação de Tuneu.

O Mago simboliza um fator que dirige a energia do inconsciente e ajuda a conscientizá-lo. Podemos relacioná-lo com o seu antepassado Hermes, o deus das revelações. Como o alquímico Mercúrio (que possuía poderes mágicos), o Mago pode iniciar o processo de autocompreensão — que Jung denominou individuação, e que identificamos com o processo iniciático — guiando o herói pelo mundo inferior dos seus eus mais profundos.

O Mago tem o poder de revelar a realidade fundamental, o estado de ser que constitui a base de tudo. Representa um aspecto de nós mesmos realizador de prodígios, que pode adivinhar as fontes da vida e abri-las para o uso criativo.[19]

Nas imagens de um poema de Wesley encontro a forma de descrever a viagem interna, que imagino que a obra dele tenha provocado em Tuneu:

As formas se repetem, a essência não

> *Estou voltando do Hades*
> *onde passei uma temporada*
> *em companhia de Persefone*
> *e sua corte subterrânea*

e nas velhas pastas
encontram-se as novas soluções
e lentamente abrindo os olhos
vi uma relação antiga
que começa a fazer sentido

> *precisou o tempo passar*
> *para ficar claro*
> *o que significam os fragmentos*
> *das paredes interiores*

É uma viagem que fiz
com Odisseus
em águas turbulentas
e me obrigou, agora
a recompor um mundo espalhado
por muitas trilhas que andei
com a venda da Cabra Cega

> *É assim que o Puer Aeternus*
> *entra no mundo, com sua varinha*
> *que virou de Condão*
> *quando bateu no Favo de Mel*

> *— um dia você tem que pôr*
> *a boca lá.*
> *As imagens são eternas*
> *e reconhecê-las é perceber*
> *o Mundo.*[20]

Tuneu *puer* entra no mundo e reconhece as imagens eternas, através da viagem ao Hades proporcionada pela obra de Wesley. Viagem que o obriga a recompor suas certezas através das imagens espalhadas e embaralhadas pelo Mago de Arkadim. Vê abaladas as paredes interiores de sua fortaleza cubista, entra em território de águas turbulentas: é *pego pelo estômago*. Nenhuma semelhança com a ordenação mental da pintura de Tarsila. E, para ele — que busca conter a emoção através da estruturação formal — deve ter sido uma emoção muito violenta ter sido *pego pelo estômago*. Sintomaticamente cita Braque pela metade: *Eu amo a regra que corrige a emoção*, não acrescentando o que Braque disse a seguir: *e amo a emoção que corrige a regra*.[21]

Com Wesley não há regra, embora haja rigor e um profundo respeito ao *métier*: *É o desenhista que sabe desenhar, o pintor que sabe pintar*, como bem observou Millôr Fernandes. *Tem um artesanato deslumbrante.*

Na obra de Wesley, Tuneu encontra o mesmo domínio técnico que aprendera a valorizar com Tarsila e, ao mesmo tempo, uma inquietação que o incita a estar sempre buscando o novo. Cada exposição sua é uma surpresa, uma invenção. O *não preconceito* é um valor para Wesley:

Então as minhas incursões nos novos materiais, nas montagens etc., esse 'não preconceito', pois eu não tinha pré-julgamento algum sobre o que deveria ser pintura. Nessa época, não estava muito claro ainda para mim. Isso é natural, pois no momento em que a pessoa está inventando, não tem plena consciência do que está fazendo. A consciência vem depois. Mas no tempo em que estava fazendo essas experimentações, desenhava e pintava dentro da maior tradição e respeitava profundamente cada 'medium' em particular. Sempre foi extremamente importante para mim despertar as energias de cada material, mas posso dizer também que os respeito de uma maneira incrível. É sagrado.[22]

Considero que a obra de Wesley atuou tão profundamente sobre Tuneu porque, ao mesmo tempo que continha um simbolismo que ativava poderosamente seu mundo interno, expressava-se através de uma linguagem altamente inovadora. Revolucionava.

Sua maior influência, nos primeiros trabalhos de Tuneu, se faz sentir principalmente no aspecto formal, na linguagem plástica e não necessariamente no conteúdo temático.

Meus trabalhos de 65, 66, 67 têm muito do Wesley, entre aspas. Não com aquela abordagem tão figurativa, mas com uma ótica e um certo rigor semelhantes ao dele.

Portanto, é exatamente na forma — tão distinta de Tarsila — que se faz sentir a presença de Wesley na produção de Tuneu daquele período: são colagens, desenhos, pinturas que, embora abstratos, lembram o traço do Mago.

Hoje o mundo está cada dia mais visual, absurdamente visual. Quando eu tinha 15 anos, não havia um décimo da visualidade que há hoje. Então, a inserção do trabalho do Wesley, naquele momento, teve um poder e uma influência enormes sobre mim. Acho fundamental a aparição de uma pessoa como Wesley no contexto em que vivíamos no Brasil.

Através do contato com a obra de Wesley, Tuneu atualiza sua visão das possibilidades da pintura, descortina novos horizontes.

Porém, teria sido este o principal motivo de sua influência ter sido tão marcante nos primeiros trabalhos de Tuneu?

A Tarsila estava dentro da casa dela falando que eles, os modernistas, eram malucos. Eu ouvia muitas histórias dela e do Oswald. Ela me dizia: 'Nós éramos malucos', mas com o Wesley eu vi o maluco.

Wesley se apresentou, também, como a oportunidade de conviver com a invenção no momento em que estava sendo inventada. E isto deve ter sido altamente estimulante para o adolescente.

Tarsila já fazia parte da história da arte quando Tuneu a conheceu, Wesley estava fazendo a história.

O Wesley me influenciou muito, embora eu nunca chegasse a fazer uma coisa explicitamente figurativa.(...) Embora eu seja, em essência, uma pessoa mais interessada na abstração do que na figura, talvez quisesse fazer com a abstração o que o Wesley fez com a figura.

Penso que, o que ele desejava era tratar a pintura com a mesma liberdade com que Wesley a tratava. Wesley transitava nos limites entre a abstração e a figura, como se ironizasse esses limites. *É o mais abstrato dos artistas figurativos, o mais deslavado pintor de retratos abstracionistas*, observa Millôr.[23]

Wesley é espaço aberto, escancarado a todas as possibilidades. Com ele não havia porto seguro, mas revolução permanente.

É uma revolução desejada por Tuneu, apesar de vir na contramão da sua história.

Tenho a impressão que, acima de tudo, o que mais me fascinou no Wesley é o fato de ele tratar de uma questão pessoal com uma liberdade tão completamente absoluta, que não estava preocupado se as pessoas iam achar isso ou aquilo. Ele não ficou no caderninho de anotações. E o trabalho dele é uma coisa que, para muita gente, não passaria de uma anotação. É preciso ter muita coragem para isso. É preciso abrir um espaço muito grande, não é tão simples assim.

Sabemos que anos mais tarde — numa época em que Tuneu já estava inclusive expondo com freqüência —, eles vieram a se conhecer e até mesmo discutiram trabalhos. Porém, a grande transformação já havia acontecido através da obra. A passagem iniciática já fora feita. Eu diria que o contato direto com o artista pode até ter confirmado a iniciação, mas não foi o fator decisivo. Pois foi a obra que o provocou, instigou, fascinou e atemorizou. Através da obra de Wesley, Tuneu teve oportunidade de rever sua trajetória cubista, sua relação com a figura feminina e reafirmar sua opção pela abstração.

Passa pelas *provas*, enfrenta o dragão, e percebe o risco de ser engolido, de fazer *o outro*.

Penso que o importante é que, apesar do medo de fazer *o outro*, ou com o medo, Tuneu se entregou à revolução que a obra de Wesley provocou nele.

Conheceu *a descida aos infernos* — que nos remete novamente à interpretação de Eliade dos ritos de passagem da puberdade — e retorna ao mundo, assumindo, com determinação, sua pintura.

Não faço 'wesleys', nunca fui aluno dele, mas tem dados ali que me dizem respeito muito fortemente. Nunca posso deixar de falar nele, mesmo que não tenha tido uma relação de discípulo, de aluno dele. (...) não importa mais o fascínio pelo Wesley, importa uma coisa interna, pessoal. Importa como aquilo ressoou internamente.

Sem nunca ter sido aluno de Wesley, Tuneu foi, também, iniciado através da obra dele. Suas observações nos indicam a profundidade das transformações que a obra de um artista pode provocar em outro artista.

A arte vem da arte, nos recorda Tuneu. Mas qual seria, finalmente, a lição de Wesley que ressoou tão intensamente no mundo interno de Tuneu?

Vislumbro uma tentativa de resposta em outro poema de Wesley:

não faça o que eu faço
muito menos o que eu digo
preste atenção
no que está acontecendo

na vida o que você sabe
adianta pouco,
é o quanto você está disponível
que conta

a vida é uma viagem
só de ida
de modo que tudo que dá
para aplicar fórmula
é banal

perceber o acontecimento da vida
é sempre original
quem pensa que a coisa se repete
não viu.[24]

REFERÊNCIAS BIBLIOGRÁFICAS

1. CHAMIE, M. – Mário Chamie escreve, Apresentação da exposição Caligrafias, Ideogramas etc., Galeria Luiza Strina. São Paulo, out. 1977. in Teixeira da Costa, C. (org.) *Antologia Crítica sobre Wesley Duke Lee*, São Paulo: Galeria Paulo Figueiredo, 1981, p. 29.

2. TEIXEIRA DA COSTA, C. – *Wesley Duke Lee*, São Paulo, Arte brasileira contemporânea, Instituto Brasileiro de Arte e Cultura, Banco do Brasil, 1992, p. 20.

3. TEIXEIRA DA COSTA, Idem, 1992, p. 24.

4. ÁVILLA BRITTO, H. J. – Man Duke Lee (Wesley) – Uma viagem utópica contemporânea. São Paulo, 1980. in Teixeira da Costa, C. (org.) *Antologia Crítica sobre Wesley Duke Lee*, São Paulo: Galeria Paulo Figueiredo, 1981, p. 79.

5. TEIXEIRA DA COSTA, Op. cit., 1992, p. 20.

6. MICHELI, M. – *As vanguardas artísticas*, São Paulo, Martins Fontes, 1991, p. 140.

7. FERNANDES, M. – Elegia para um artista vivo, Apresentação de Exposição – Petite Galerie, Rio de Janeiro, jan de 1964. in Teixeira da Costa, C. (org.) Op. cit., 1981, pp. 15-16.

8. TEIXEIRA DA COSTA, Op. cit., 1992, p. 22.

9. ÁVILLA BRITTO, Op. cit., 1980, pp. 15-16.

10. DAVID-NÉEL, A. – *Iniciações tibetanas*, São Paulo, Pensamento, s/d, p. 22.

11. ELIADE, M. – *Tratado de historia de las religiones*, México, Ediciones Era S.A., 1972, p. 383.

12. JUNG, C.G. – *Psicologia e Alquimia*, Petrópolis, Rio de Janeiro: Vozes, 1991, p. 344.

13 JUNG, Idem, 347.

14. TEIXEIRA DA COSTA, Op. cit., 1992, p. 46.

15. ÁVILLA BRITTO, Op. cit., 1980, p. 71.

16. ÁVILLA BRITTO, Idem, p. 70.

17. ÁVILLA BRITTO, Idem, p. 48.

18. ÁVILLA BRITTO, Idem, p. 50.

19. NICHOLS, S. – *Jung e o tarô – uma jornada arquetípica*, São Paulo: Cultrix, 1988, p. 59.

20. DUKE LEE, W. – As sombras ações. Uma exposição de Wesley Duke Lee. Realista Mágico dito Arkadim d'y Saint Amèr, Galeria Luiza Strina, 1976, p. 6.

21. MICHELI, M. Op. cit., 1991, p. 190.

22. TEIXEIRA DA COSTA, op. cit., 1992, p. 30

23. MILLOR, F., op. cit., 1964, p. 16.

24. DUKE LEE, W., op. cit., 1976, p. 32.

a obra inicia

A dualidade e a tensão entre os opostos têm sido a constante na obra de Antonio Carlos Rodrigues (...) Recebeu as primeiras orientações sobre a memória e síntese de Tarsila do Amaral, antiga amiga da família, e pouco depois apaixonou-se pelo trabalho de Wesley Duke Lee. Entre os dois, Tuneu escolheu a tensão e o conflito como um território seu.[1]

Passados mais de 20 anos de sua primeira exposição, *tipo farra no João Sebastião Bar*, em 1966, a obra de Tuneu — que a cada mostra se renova — apresenta ainda a mesma persistente dualidade entre os opostos, que caracterizou seu nascimento. O comentário de N.F. é preciso ao captar a síntese das motivações do artista, e finaliza com a seguinte observação: *Sua mostra atual é um trabalho maduro e despojado em que os opostos reaparecem sob uma lente cada vez mais distanciada e sutil, como a buscar a própria essência.*[2]

A procura do artista continua a mesma, porém a maturidade lhe confere sutileza. O foco torna-se mais preciso e dispensando os detalhes supérfluos, fica a essência.

Se concordarmos com Merleau-Ponty, poderemos dizer de Tuneu que, se a vida não explica a obra, porém é certo que se comunicam. A verdade é que esta obra por fazer exigia esta vida. Desde o início a vida (...) só encon-

tra equilíbrio apoiando-se na obra ainda futura, é seu projeto e a obra nela se anuncia por signos premonitórios que erraríamos se os considerássemos causas, mas que fazem da obra e da vida uma única aventura.[3]

Através do contraponto entre o depoimento de Tuneu e a observação do material jornalístico que documenta o desenrolar de sua carreira artística, podemos vislumbrar a coerência do seu percurso. Coerência que não significa repetição, mas sim, fidelidade às suas contradições, ou segundo Jung, *fidelidade a sua própria lei*.[4]

Depois de sua primeira individual no João Sebastião Bar, Tuneu participa, no mesmo ano, de uma coletiva no Ponto de Encontro, com Peticov, Costa Aguiar e Maria Helena Villegas. Nesta exposição é apresentado publicamente, pela primeira vez, por Tarsila como seu discípulo — fato que é destacado pela imprensa: *Tuneu mereceu a honra de uma apresentação de Tarsila, que o conheceu menino, e que nele destaca senso de equilíbrio e grande amor ao trabalho. A série que ele aqui exibe caracteriza-se efetivamente por aquela primeira qualidade. Pesquisando dentro de limites bem precisos, os blocos pretos, cinza e marrom que Tuneu empilha para compor suas muralhas, estão saturados de mistério. As pequenas aberturas brancas que nelas a intervalos se inserem dão-lhes um certo desafogo e abrem caminho a muitas sugestões.*[5]

Um ano depois, em 1967, já era aceito na IX Bienal Internacional de São Paulo. Com apenas 19 anos, era o artista mais jovem a participar da Bienal.

Foi o máximo participar da Bienal! Eu ia toda hora olhar e babar. Eram uns desenhos coloridos bastante cheios de 'wesleys', mas enfim! ... tinham uma força engraçada!.

De 1967 a 70 participa de diversas coletivas e salões (ganhando o prêmio estímulo de desenho no II Salão do Artista Jovem de Campinas), tem seus trabalhos novamente aceitos na X Bienal, porém é somente em sua exposição individual da Galeria Ars Mobile, em junho de 71 (considerada por ele como realmente a primeira), que Tuneu se percebe como uma individualidade.

Na exposição da Ars Mobile eu já era Tuneu. Foi quando percebi que já havia uma individualidade ali, e não era mais aquela efervescência da formação. Há uma coisa inteira quando você fala: 'Tem alguém aí!'

Para Tuneu, esta exposição parece ter se apresentado como o ritual de tornar pública sua iniciação. Significativamente, observa que naquele momento *já era Tuneu*, o artista. Tornara-se outro: estava iniciado.

Wesley observa, com propriedade, que o artista é o outro que habita nele, mas que só aparece quando todos já se foram. *A rigor, necessito de um grau de concentração tão especial para ele se manifestar, que quase parece que é outra pessoa.*[6]

Nas iniciações xamânicas, com freqüência, o final da etapa preparatória se celebra com uma série de cerimônias. Não se trata de uma iniciação propriamente dita, porque esta já aconteceu, muito antes do seu reconhecimento pela comunidade. A cerimônia pública nada faz senão confirmar e validar a verdadeira iniciação extática e secreta — que é obra dos espíritos complementada com a aprendizagem junto a um mestre.[7]

Mas se a exposição torna pública a iniciação do artista, ela não se configura, no entanto, como final, mas sim como parte de um processo. E Tuneu, logo em seguida, aponta para o fato que a exposição também faz parte da formação. Aliás, é uma etapa importante do percurso, porque permite uma avaliação do trabalho, com um certo distanciamento, ao *retirar do ateliê e levar para a neutralidade de um espaço de galeria ou museu. Indo para o neutro, o trabalho fica impessoal e existe a possibilidade de perceber até que ponto resiste neste espaço impessoal. Pode-se, então, perceber um percurso armado num espaço de um, dois, ou três anos.*

Neste ponto o artista diferencia-se do herói do mito, que pode cumprir seu destino em uma única conquista. A aventura da criação não se completa com uma exposição. A cada novo trabalho o artista refaz sua jornada mítica, enfrentando os dragões, para extrair das profundezas de si mesmo e do mundo o *tesouro difícil de ser conquistado*, o *ouro alquímico*, matéria-prima de sua obra.

Chego, então, ao ponto central de minhas reflexões: na verdade o que inicia o artista é a sua obra. É no embate com a obra que o artista se inicia. E a iniciação, se tem um ponto de partida, que pode mesmo ser desencadeada por um mestre, não tem um ponto de chegada. Porque é na aventura de criar uma obra que o artista tece o seu destino. A obra em crescimento é que determina a psicologia do artista.[8]

A obra significa verdadeiramente para o seu autor, saiba ele ou não, mais do que o seu destino pessoal. Ele é, no sentido mais profundo, um instrumento de sua obra.[9]

Na atuação de Tarsila, já havíamos pressentido este caminho. Ela que — com tanta delicadeza — colocou desde cedo Tuneu diante de seu próprio trabalho, apontou para esta questão que agora enuncio com maior clareza: a obra inicia. O verdadeiro mestre é aquele que facilita ao discípulo a percepção do projeto, que deverá vir a ser sua obra.

No caso de Tuneu, o encontro com Tarsila e a descoberta da obra de Wesley foram os elementos desencadeadores, etapas imprescindíveis do seu processo de iniciação. Permitiram que ele vislumbrasse o caminho, trazendo à tona a dualidade que, ao longo do tempo, ele transformou em obra.

Hoje eu percebo que não houve um momento que eu resolvi ser artista. Foi uma coisa que veio fluindo, tomando conta (...) Existe algo que move o artista numa direção e, mesmo sem saber qual, ele vai. Mesmo sem entender o que move — mas move — e ele vai e faz daquilo uma continuidade; faz daquilo um projeto; faz daquilo uma vida. Arrisca, porque não importa se vai ser alguma coisa.

O mito da criação é o do eterno retorno. A cada retorno o ciclo se renova, e renova-se também o artista, que deixa como contribuição aos seus semelhantes uma obra, que atenderá às necessidades anímicas dos que permitirem que atue sobre si mesmos como atuou sobre o criador. Pois, para que o sentido de uma obra seja compreendido, é necessário deixar que ela nos modele como modelou o artista que a criou.

O verdadeiro destino de um artista — diz Bachelard — *é um destino de trabalho. Em sua vida chega a hora em que o trabalho domina e conduz sua destinação. As infelicidades e as dúvidas podem atormentá-lo por muito tempo. O artista pode vergar sob os golpes da sorte. Pode perder anos numa preparação obscura. Mas a vontade de obra não se extingue desde que ela encontrou seu verdadeiro foco. Começa, então, o destino do trabalho (...) Tudo vai em direção à meta numa obra que cresce. Cada dia esse estranho tecido de paciência e entusiasmo torna-se mais ajustado na vida de trabalho que faz de um artista um mestre.*[10]

Em 1971, além da exposição da Ars Mobile, Tuneu participa do III Salão Paulista de Arte Contemporânea, no MASP; do Panorama da Arte Atual Brasileira no MAM-SP, e recebe o prêmio aquisição do Itamarati na XI Bienal Internacional de São Paulo.

É quando passam a dar atenção às suas opiniões. Apesar de seu trabalho ter merecido destaque nos jornais desde 66, a referência era sempre a palavra de Tarsila sobre ele. O alvo da imprensa era Tarsila. Neste momento, os jornalistas passam a palavra para Tuneu. Tuneu era o acontecimento; já começava a ter uma representação expressiva no meio artístico e continuava sendo, ainda, o artista mais jovem da XI Bienal, com seus 23 anos. Não sem razão é o momento em que ele se percebe como uma individualidade. É quando passa a ser visto independente de Tarsila, embora iniciado por ela.

Em 2 de julho de 1971, o *Jornal da Tarde* publica um artigo relativamente grande e bem ilustrado, com o título *Não, não é fácil a arte do jovem Tuneu*, no qual, entre outras coisas, o artista comenta:

Eu era menino e Tarsila freqüentava a casa de uma avó, 'por afinidade espiritual', que eu tive. O meu avô, também por afinidade, era irmão de Tarsila. Anita Malfatti não saía de lá — uma casa velha, em Pinheiros. Desde menino comecei a conviver com a arte, com Tarsila que me dizia sempre: 'Você não deve ter medo de fazer as coisas'. Devo a ela essa autoconfiança conseguida antes dos 20 anos. E devo a ela, também, o sentido básico da composição. O que aprendi com Tarsila foi profundo e é definitivo.[11]

Naquele ano seu nome aparece citado 18 vezes na imprensa em situações diferentes e em diversas ocasiões aparecem fotos suas ou de seus trabalhos. É, também, quando merece a primeira crítica individualizada:

A concepção de Tuneu parte de uma divisão do espaço acuradamente determinada, em uma diagramação que se apresenta arbitrária, mas possui tudo da qualificação abstrata, por ser apenas a indicação mais reduzida da estrutura. Formas também abstratas são colocadas dentro dessa diagramação ou fora, mas contidas nos seus limites, quase sempre no sentido ascensional. Aí entra a cor. Mas, subitamente, Tuneu resolve o toque final nos seus 'temas' — formula então a intrusão do informal no abstrato, com uma nota que quebra toda ordem e se impõe, decisiva, no que deve ser a motivação. Então, todo o espaço tornado transparente, ou as opacidades do espaço — fora das linhas — ganha peso de uma chama ou de um clamor ou de uma incisão borrada, fremente e sempre acertada, em seu peso, volume, extensão, efeito (...)[12]

Através do título *Desenho-colorido abstrato barroco*, Geraldo Ferraz sintetiza a contradição que os desenhos explicitam.

Se o abstracionismo através de Mondrian, Malevitch e outros, procurara exatamente abolir todas as formas pelas quais o dado subjetivo, passional e impetuoso pudesse se manifestar, eliminando a linha curva, a abóbada, resíduos da construção barroca, Tuneu propositadamente inseria a imprecisão da mancha violenta dentro[13] do universo preciso da geometria rigorosamente construída. Fazia conviver o rigor do abstracionismo com a imprecisão do acaso que poderia sugerir uma certa ironia dadaísta.

Com estes trabalhos, o contraponto Tarsila-Wesley adquiria forma.

REFERÊNCIAS BIBLIOGRÁFICAS

1. N.F. – Tuneu, rigor e precisão, O Estado de São Paulo, Caderno Dois, 12 de maio de 1990.
2. N.F., Idem.
3. MERLEAU-PONTY, M. – *A dúvida de Cézanne*, in Textos escolhidos, São Paulo, Cultrix, 1980, p. 122.
4. JUNG, C.G. – O desenvolvimento da personalidade, Petrópolis, Rio de Janeiro, Vozes, 1981, p. 179.
5. PEDROSO D'HORTA, A. – Jornal da Tarde, 18 de outubro de 1966.
6. TEIXEIRA DA COSTA, A. – *Wesley Duke Lee*, São Paulo, Arte brasileira contemporânea. Instituto Brasileiro de Arte e Cultura, Banco do Brasil, 1992, p. 51.
7. ELIADE, M. – *El chamanismo y la técnicas arcaicas del éxtasis*, México, Fondo de Cultura Econômica, 1960, p. 101.
8. JUNG, C.G. – *O espírito na ciência e na arte*, Petrópolis, Rio de Janeiro, Vozes, 1985, p. 90.
9. JUNG, idem, p. 93.
10. BACHELARD, G. – *O direito de sonhar*, São Paulo, Difel, 1986, p. 31.
11. JORNAL DA TARDE – *Não, não é fácil a arte do jovem Tuneu*, 2 de junho de 1971.
12. FERRAZ, G. – *Desenho colorido abstrato barroco*, O Estado de São Paulo, 1971.
13. MICHELI, M. – *As vanguardas artísticas*, São Paulo, Martins Fontes, 1991, p. 249.

DA CONSTRUÇÃO
DE UMA OBRA
AO ENSINO DA ARTE

o percurso

Eu penso que a arte construtiva é derivada do cubismo. Não haveria Mondrian sem o cubismo. Na década de 70 eu já era — bem ou mal — uma pessoa formada. Eu não ia fazer o cubismo. O que mais me atraía no percurso cubista era a arte construtiva.

Das lições cubistas de Tarsila, tomarei como ponto de partida para a trajetória de Tuneu, a questão do quadro-objeto como foi formulada por Albert Gleizers, professor de Tarsila na década de 20.

Dentre as noções de pintura que Tuneu absorveu de sua mestra, estava presente o problema da autonomia da arte: o quadro como *coisa em si*, com leis absolutamente próprias.

Aprendi a ler um quadro, que é uma questão fechada em si mesma. Porque um quadro é um quadro. Não é a realidade. Mesmo quando retrata a realidade, mesmo se a pintura é acadêmica, a realidade é um pretexto.

Ainda que a questão do *quadro-objeto* já estivesse implícita no pensamento de Cézanne, Gleizers foi o primeiro a formulá-la:

Para que um quadro nos toque não é necessário que evoque a lembrança de um vaso, de uma guitarra, mas sim uma série de correspondências harmoniosas num organismo peculiar aos meios do quadro. (...) O quadro tampouco será a enumeração de objetos ou acontecimentos trans-

portados de um meio, onde existem verdadeiramente, a outro onde não são mais que aparências. Será um fato concreto. Terá sua independência legítima, como toda criação natural ou não; não conhecerá outra escala de valores que não a sua própria, não despertará a idéia de comparação por semelhança.[1]

Esta questão — que foi rediscutida pelos abstracionistas — encontraria sua expressão mais radical, mais tarde, entre os artistas concretos.

Em 1980, em depoimento à Galeria Bonfiglioli, Tuneu aborda este tema à sua maneira: *Nesse trabalho existe todo um fascínio pela matéria dos muros, do muro sujo e de outras circunstâncias que eu também levei para a tela de uma maneira bastante abstrata. Não representa o muro. Representa um elemento do muro que eu trabalho em cima com a minha imaginação independente do que eu vi. Eu não faço o muro em si. Eu uso matérias, certos acontecimentos do muro e isso é o que eu represento. Mas não faço o muro. Faço pintura.*

Aqui se apresenta outro aspecto a considerar no percurso de Tuneu: sua opção pela abstração. Esta opção afirmou-se independente da influência figurativa de Tarsila ou de Wesley. E vai se mostrando mais acentuada quando encontramos os nomes de Aldemir Martins e Walter Lévy entre os artistas que sua memória resgata como importantes presenças durante o seu período de formação.

De onde teria vindo, então, o contato com o abstracionismo?

Seu relato mostra que as Bienais eram a sua principal fonte de informação visual no tocante às diferentes manifestações da arte contemporânea. E, ao que tudo indica, a aproximação com a abstração pode ter se acentuado através dos artistas que vem a conhecer nestes eventos: *As Bienais eram muito interessantes, porque eu me via frente a três mil obras, quadros, esculturas, um universo fascinante a cada dois anos. Naquela época isso era muito forte, criou uma dinâmica em São Paulo.*

Em um artigo da Revista Veja de 16/6/71 — por ocasião da exposição de Tuneu na Ars Mobile — encontro um comentário que permite identificar, diretamente, os artistas que, na época, estavam mais presentes em suas preocupações. Esta reportagem enfatiza a importância da Bienal na formação de Tuneu no título: *O filho da Bienal* e a reafirma ao longo do texto:

> ... Além de Tarsila que o iniciou no ABC da estética quando criança, Tuneu acredita que seu mestre tenha sido a Bienal. Através dela, definiu suas preferências (Klee, Miró e o russo Lissitsky).[2]

Este comentário evidencia que as Bienais foram fundamentais na sua iniciação pois, permitindo o confronto com um universo visual amplificado, possibilitaram que identificasse suas afinidades estéticas e encontrasse os seus pares.

Recentemente, quando apresentava sua exposição *A história de dois quadrados* (1992), fazendo uma breve retrospectiva de suas opções estéticas, Tuneu escreve:

> *Pensando escrever sobre esta série de trabalhos, surgiu minha descoberta de adolescente dos construtivistas russos. Nesta época uma das grandes paixões foi Lissitsky e, é claro, Malévitch. Mas em Lissitsky o que soou fortemente foi uma série de desenhos (tornou-se livro publicado na Alemanha) que contava a história de dois quadrados, ou 'sobre dois quadrados' ou 'um conto suprematista'. Realmente o que ocorreu é que isto já correspondia à minha aspiração estética e poética. De 1980 a 1990 a minha produção foi regida pelo raio do círculo e principalmente do semicírculo. Trabalhando em torno do círculo e principalmente do semicírculo construí uma série denominada genericamente de 'considerações sobre um relógio de sol' (...) O que quero dizer é que estou finalmente contando a minha história de dois quadrados.*

A obra de Lissitsky apresentou-se, portanto, como o elo de ligação que possibilitou que desse continuidade ao pensamento construtivo que absorvera de Tarsila, porém dentro de uma abordagem abstrata que, segundo ele mesmo, correspondia a sua aspiração poética e estética.

Considerando que a exposição individual de Tarsila em Paris em 1926 (fase pau-brasil) já sinalizava sua preocupação construtivista, absorvida através das lições do cubismo[3], caberia a Tuneu o passo seguinte, dando continuidade à história. *A arte vem da arte*, é no diálogo com as produções do passado que o futuro se anuncia. Porém, o passo a ser dado deveria responder, necessariamente, à sua poética pessoal. E esta vinculava-se, indissoluvelmente, ao abstracionismo.

Por uma questão de opção, diz Tuneu. Ou por uma questão de tipo psicológico, diria Jung.

Em 1906, Wilhelm Worringuer publicou *Abstração e empatia*, onde propunha que a abstração na arte é *a expressão do medo metafísico do homem, sintoma de sua rejeição ao caos do mundo constituindo-se, portanto, uma fuga devido a uma profunda inquietação.*[4]

Este estudo de Worringuer exerceu uma certa influência sobre os artistas da época — especialmente Kandinsky e o grupo do *Blaue Reiter* — e serviu, mais tarde, como base para a discussão sobre a abstração por parte dos teóricos da psicologia e da arte.

Em *Tipos psicológicos*, no capítulo O *problema das disposições típicas na estética*, Jung comenta: *o conceito de abstração de Worringuer corresponde à disposição introvertida. É significativo que Worringuer designe o influxo do objeto como temor ou timidez. Portanto, o que abstrai adotaria perante o objeto a atitude do que vê nele uma qualidade temível, isto é, uma ação nociva ou perigosa contra a qual tem de se defender.*[5]

Aniela Jaffé dá prosseguimento a este pensamento quando propõe que *o afastamento da arte moderna do realismo do mundo exterior (...) deve ser compreendido como o fascínio do artista pela realidade interior, como o desafio que lhe faz a questão atual de uma base visível da vida que não se pode compreender racionalmente.*[6]

Nos *Diários* de Paul Klee encontro algumas anotações que tendem a confirmar estas posições:

Abandonamos o âmbito do aqui e agora e buscamos edificação do outro lado, onde é possível uma afirmação total.

Abstração.

O frio romantismo deste estilo sem 'pathos' é inédito.

Quanto mais horrível este mundo (como hoje precisamente) mais abstrata a arte: um mundo feliz, em contrapartida, produz uma arte que lhe é própria (...)

Para sair do monte de escombros à minha volta, precisava voar. E voei.

Naquele mundo em ruínas estou apenas em lembrança, exatamente como às vezes nos lembramos de alguma coisa passada.
Assim, sou 'abstrato com recordações'.[7]

Arheim pondera, no entanto, que a visão de Worringuer sobre a abstração não foi tanto o resultado de uma pesquisa histórica, mas um conjunto de especulações sintomáticas fruto do espírito de uma época. E apesar de considerar que os depoimentos de alguns artistas, como Klee, confirmam as teses de Worringuer, a maioria da geração inicial de abstracionistas e cubistas, provavelmente, não acreditava de fato estar fazendo o tipo de coisa que uma análise sociopsicológica poderia descobrir entre seus motivos.[8]

Além disso, não podemos correr o risco de reduzir a obra de arte a um sintoma, pois como Jung adverte, *uma arte que fosse única e essencialmente pessoal mereceria ser tratada como uma neurose.*[9] Os fatores pessoais, para ele, tornam-se secundários, pois considera a obra de arte uma produção para além do indivíduo.

Faz-se necessário, então, mencionarmos a linha de pensamento que norteou o desdobramento do cubismo ao abstracionismo, para conhecermos as motivações que desencadearam este movimento.

Depois que o cubismo — na observação de André Breton — *partiu o espelho onde a realidade se refletia*[10], rompendo com os modos de representação, as formas geométricas apareceram como o vocabulário de uma sensibilidade nova. E encontram em Malévitch e Mondrian os intérpretes mais fiéis desta nova linguagem. Para eles, a abstração não é entendida como afastamento da realidade, mas como penetração em sua essência.

Malévitch considerava que *a sensibilidade é a única coisa que conta e é através dela que a arte, no suprematismo, chega à expressão pura sem representações (...) Em 1913, na minha tentativa desesperada de livrar a arte do peso inútil do objeto, busquei refúgio na forma do quadrado e expus um quadro que representava apenas um quadrado negro sobre fundo branco (...).*[11]

A preocupação com o fim da arte da representação afina as idéias de Malévitch às de Mondrian, que escreve em *De Stijl: Vemos que na natureza todas as relações são dominadas por uma única relação primordial,* que é definida pela oposição de dois extremos. O plasticismo abstrato representa esta relação primordial de maneira precisa por meio das duas posições que formam o ângulo reto. Esta relação posicional é a mais equilibrada de todas, posto que expressa em perfeita harmonia a relação entre dois extremos e contém todas as outras relações.[12]

O abstracionismo geométrico que nasceu, portanto, da lição cubista, busca o rigor intelectual da regra e da geometria, bem diferente da abstração lírica de Klee ou de Kandinsky.

Lissitsky — que foi aluno de Malévicht — desenvolveu um trabalho bem distinto do mestre, embora dentro de uma preocupação com a geometria. Seus desenhos abstratos procuravam construir figuras que saltassem da tela, através de efeitos óticos obtidos pela intersecção de linhas e planos.[13]

De Malévicht a Lissitsky, passando por Mondrian, vamos percebendo o fio condutor que permitiu a Tuneu fazer a ligação entre o pensamento cubista de Tarsila e sua opção pela abstração.

É a influência de Lissitsky que se faz mais presente nos primeiros desenhos de Tuneu. E reaparece, recentemente, em 92, quando ele o revisita para contar a sua própria *História de dois quadrados*.

Contudo, como a unilateralidade não é uma característica da trajetória de Tuneu, podemos perceber que a sua abstração não se alimentou somente da geometria, mas também — e muito — do lirismo da pintura de Paul Klee.

Klee nunca procurou a abstração absoluta. Ele que se dizia: *abstrato com recordações*, buscava se expressar através de alegorias, analogias e símbolos. Entendia que *a arte é a imagem alegórica da criação*[14] e que o artista é alguém que se permite *pensar que a criação não pode estar hoje inteiramente terminada e estende, assim, do passado para o futuro, essa ação criativa do mundo. Desse modo, confere à gênese uma duração.*[15]

Falando de Klee, Michelli escreve: *Dotado de uma excepcional e sutilíssima fantasia, ele cria uma encantadora fábula, onde o reino mineral, o reino vegetal, o reino animal, os espaços cósmicos e os universos estelares se encontram. Não é fácil sair dos jardins de Klee.*[16]

Sua pintura é feita de economia, numa sutilíssima operação intelectual onde o sentimento revela-se cristalino e tudo acontece em rigorosa medida.

De Lissitsky para Klee, a procura de Tuneu revela o mesmo movimento pendular, que manifestara na dualidade Tarsila/Wesley. Seu abstracionismo manifesta-se através do contraponto entre o rígido e o flexível, o preciso e o ambíguo.

Em 1975, Roberto Pontual escreve sobre seus trabalhos expostos na Petite Galerie, no Rio:

... *Próximo algumas vezes à síntese lírica de Klee, Tuneu estruturou seu desenho sobretudo em torno do diálogo entre as retas e as curvas firmes, discretas e eficientes, e as chapadas compactas em formas geométricas puras, armando um conjunto como anotações que a memória buscasse erigir...*[17]

Sobre estas pinturas, Tuneu comenta em entrevista ao jornal Última Hora, em 13 de fevereiro de 75:

Minha abstração, anteriormente construtiva e rígida, transformou-se através do uso da pincelada, como elemento em si. E, através do uso de cores claras, a estrutura transformou-se numa abstração lírica.[18]

Em outra entrevista para o mesmo jornal, em 23 de fevereiro de 75, define-se como um romântico:

No ano passado, depois de voltar de uma viagem à Europa, comecei a me interessar pelo valor das transparências proporcionado pela técnica da aquarela. Eu me considero um romântico e essa pintura de transparências é também uma vontade muito romântica de ver as coisas. Nós estamos atualmente vivendo numa época muito delirante, quase uma repetição daquela idéia de fim de um ciclo que dominava os m sicos românticos. Durante minha viagem à Europa, em 73, foi muito gratificante conhecer artistas como o pintor americano Brice Murden ou o escultor inglês Willian Turnbull. Quando as pessoas falam que a abstração já acabou na pintura, as pessoas não sabem o que estão dizendo. Na Europa, eu vi um movimento muito vivo em termos de abstração. Coisas realmente muito lindas. Ainda não há nada de conclusivo, meu trabalho está bastante aberto e ainda tenho muito a pesquisar.[19]

Continuando o caminho que sua memória revisita através dos depoimentos que registrei nas entrevistas, percebemos que, embora as artes plásticas tenham sido a sua principal fonte de referência, também a poesia, o teatro, o cinema e a arquitetura (ou melhor, a paisagem urbana) serviram de alimento para sua pintura.

Observando seus trabalhos ao longo dos anos, encontramos referências diretas a outras manifestações artísticas.

Em 77, a exposição *Obras em papel* na Galeria Bonfiglioli é inspirada numa peça de Fauzi Arap, *Pano de Boca*.

A idéia desta exposição veio a partir de um dia em que eu fui ao teatro. Eu já estava trabalhando a exposição mas um dia ela se definiu. Fui ver uma peça de teatro que o assunto era um bastidor de teatro. A coisa interna do teatro (...) Então comecei a trabalhar dentro do meu espírito todo de abstração em termos de cenários, eu comecei a fazer a coisa cenográfica. Não existe um cenário, mas é cenográfico (Depoimento gravado para a Galeria Bonfiglioli em setembro de 77).

Em 79, a exposição da Galeria Paulo Figueiredo é articulada a partir da idéia dos *Sonhos de Mickey*, numa alusão direta ao personagem dos quadrinhos. Em 80, na Galeria Bonfiglioli, a motivação surge da observação das manchas dos muros da cidade.

De 81 a 84, Tuneu trabalha em torno da idéia de um relógio de sol que ele descobre em um museu, durante uma viagem a Minas Gerais.

A exposição foi concebida em cima dessa 'anacrônica' peça perdida em nosso século. Tanto que um dos quadros explora ao máximo essa disfunção, decompondo a luz imaginária e não projetada pelo relógio.[20]

A partir do relógio de sol, Tuneu pinta aquarelas e acrílicas, criando transparências que dialogam com o poema *Considerações de um relógio de sol*, de Luiz Lopreto. Cria também uma série de luminárias, ou objetos iluminados com o mesmo tema.

O meu caminho não foi através de uma escola. Não importam os defeitos, o que eu aprendi ou o que não aprendi. O que importa é o que eu faço com as minhas idéias e com o meu repertório.

Suas exposições desvendam o percurso que ele constrói através do seu repertório: Tarsila e Wesley, Klee e Lissitsky, as paisagens urbanas e as montanhas mineiras, a poesia e o teatro, a memória dos muros e dos relógios de sol. Passeando com liberdade, em territórios tão diversos, Tuneu persegue sempre a harmonia, através do conflito entre dualidades opostas.

Em 1984, Lisetta Levi escreve sobre a série de aquarelas que Tuneu expõe na Galeria Monica Filgueiras de Almeida:

... *A criação deste artista é extremamente livre. Ele não se inspira nas escolas européias nem nas americanas; permanece fiel a si mesmo, à evolução do seu mundo: são trabalhos que mostram ao mesmo tempo o cosmo com as suas paisagens e o cosmo interno do artista e as suas paisagens internas. Justamente por serem tão pessoais estes trabalhos abrem infinitos caminhos que conduzem ao mundo interior de cada um. São desenhos fortes e místicos ao mesmo tempo. Livre e disciplinado, lírico e severo, Tuneu nos apresenta desenhos ocidentais e orientais que fazem sonhar e vibrar.*[21]

Na maturidade de seus 40 anos, Tuneu revive a relação mestre-aprendiz, aprendiz de dois grandes mestres do neoconcretismo: Willys de Castro e Hércules Barsotti.

Aprendiz-assistente, dispõe-se a fazer o trabalho de outros, emprestando seus olhos e suas mãos para trazer ao mundo as últimas obras de Willys de Castro — incapacitado de realizá-las pela doença, e as pinturas de Barsotti — preso aos cuidados com o amigo doente.

Tuneu deixa, então, seu próprio trabalho por seis meses e, qual um aprendiz da Idade Média, passa a executar a obra dos dois mestres. E se entrega às lições que delas emanam.

Acredito que o aprendizado tenha sido realmente profundo, principalmente porque Tuneu era, então, um artista com uma obra madura. E, ao fazer o outro, sua própria obra entra em um diálogo interno com as obras que estavam sendo executadas.

Eles me ofereceram uma grande oportunidade. A oportunidade de trabalhar no trabalho deles. Foi um processo de mergulhar também em outro nível. Isto me proporcionou outras questões. Foi muito forte me sentir numa ligação íntima com a obra de outros dois artistas e dizer: 'Eu estou executando o trabalho do outro'.

Tuneu realiza o trabalho de outro para o outro, sem o risco de ser outro, porque estava com pleno domínio de sua própria poética.

Percebe-se, então, privilegiado por poder penetrar no pensamento dos dois, considera que lhe ofereceram uma oportunidade, mais do que uma tarefa.

Porque, na verdade, me interessa muito a cor do Barsotti. Queria entender aquilo de alguma maneira. Não que eu estivesse alienado (...) Mas foi muito importante vê-lo agindo sobre a cor. Eu fazia a cor com ele, e ia percebendo o que ele queria com aquela cor. O Willys era o grande intelectual do neoconcretismo. E também era de um mecanismo de uma flexibilidade, de um jogo de possibilidades, com toda aquela aparência de rigor.

Falando sobre este processo de trabalho, Barsotti relata à *Folha de S. Paulo*, em 8 de novembro de 88:

Quando a Raquel nos convidou para fazer a exposição, ficamos um pouco em dúvida. Ele achava que era uma loucura, porque estava doente, mas, no final, acabamos convencendo o Willys de que era possível fazer. Eu o ajudava nos esquemas e depois montava as maquetes com a ajuda do Tuneu, que ele aprovava ou não. Infelizmente, Willys não chegou a ver esses trabalhos prontos.

Na mesma reportagem, é assinalada a importante colaboração entre os artistas plásticos: *Hércules Barsotti também contou com a ajuda de Tuneu para executar suas 15 telas (círculos, pentágonos, quadrados, hexágonos e triângulos) uma série em que cada figura geométrica é reproduzida três vezes em cores diferentes.*[22]

Se não é novidade o fato de um artista executar o trabalho de outro, a relevância desta experiência reside na importância que Tuneu confere ao profundo diálogo que se estabelece entre as obras deles.

... Portanto, não vou descartar se me aparecer outra possibilidade de ficar perto de um processo de alguém que me interesse. Porque, por mais que se analise a estrutura e se escreva a respeito, mergulhar no processo de outro, se abrir a este ponto é algo que marca para sempre. São coisas que mexem e abrem um precedente que é muito poderoso (...) Não dá para explicar. É uma experiência radical para quem viveu. (...) Os processos são muito ricos, os

artistas têm questões muito poderosas se concordamos em ver. E é óbvio que sempre iremos procurar os afins.

Esta afinidade entre eles foi construída através do tempo. SegundoTuneu, a aproximação só aconteceu bem tarde, quando eles o viram *com outros olhos*. Possivelmente, quando reconhecem o artista nele.

Coincidência ou não, em 83, Olívio Tavares de Araújo aproxima as obras de Willys e Tuneu considerando-as *duas facetas de um mesmíssimo cristal*. A crítica que escreve sobre os dois parece prenunciar a colaboração que viria a se concretizar cinco anos mais tarde, como se vislumbrasse Tuneu como o herdeiro da *arte mental* de Willys:

... embora nasçam da mesma árvore — a da arte construtiva — a escultura de Willys e a pintura de Tuneu em nada se parecem. Na primeira sobrevive o rigor construtivo de quem no Brasil foi o pioneiro e fez parte do movimento neoconcreto. Na segunda, a geometria é colorida e translúcida e serve de pano de fundo para brincar com a fantasia.

A coincidência no tempo de suas atuais exposições nos permite observar, até com um pouco de surpresa, duas facetas contrastadas de um mesmíssimo cristal. Poderíamos chamá-lo de 'o espírito clássico'. Tanto Willys como Tuneu, na verdade, encarnam essa vertente estilística, que se opõe ao romantismo e suas variantes — o gótico, o barroco. O que desejam é a clareza inteligível da proposta e da obra: o predomínio de valores como equilíbrio, medida e harmonia sobre a expressão de sentimentos isolados. A construção organizada que é idéia, ao invés da dispersão e da excitação das emoções (...) Na obra de ambos o prazer intelectual se soma à gratificação dos sentidos. Como dizia Leonardo da Vinci, a arte é 'cosa mentale'. O talento está em fazer-nos sentir isso — em vez de demonstrá-lo com um discurso.[23]

Executando as obras de Barsotti e de Willys, Tuneu está outra vez diante do **duplo**. Neste caso, no entanto, não existe oposição, e sim complementariedade: com Willys, aprende a noção de estrutura, e com Barsotti a lição da cor. Não é uma relação entre opostos, mas de um par. Não há conflito, há comunhão.

O trabalho de Willys é a coisa mais elaborada que a arte brasileira pôde alcançar. Ele tem um nível excepcional. E o Barsotti é um colorista excepcional. O melhor colorista que o Brasil tem, na minha maneira de ver (...).

A proximidade com o trabalho dos dois mestres, além de revelar a Tuneu lições de cor e estrutura, permite, também, que ele compartilhe sua maneira de compreender a questão da arte:

As formas são livres — diz Barsotti — *mas nós somos programados. Não há maneira de escapar. Você tem que fazer aquilo que deve ser feito e é tudo. Tanto eu como o Willys sempre encaramos as artes plásticas como missão.*[24]

Refletindo sobre o seu próprio processo de iniciação, Tuneu pondera:

Considero que não tive somente a possibilidade de aprender com a Tarsila. Também o Wesley me abriu seu ateliê, e eu acompanhei muita coisa que ele produziu. E de repente, depois de maduro, eu tenho esta experiência com o trabalho do Willys e do Barsotti. E quem sabe venham outros mais, não sei quem ...

Tarsila revela a Tuneu suas tendências plásticas, proporciona as primeiras noções de estrutura e síntese. Ensina-o a colocar em ação os materiais para que ele possa transformar suas tendências em obra. Tarsila dá as regras, sem desviá-lo de seu próprio projeto plástico.

O MASP oferece-lhe a oportunidade de conviver com outros mestres, permitindo-lhe que se alimente na fonte, ao mesmo tempo que se torna abrigo para suas transformações internas.

A obra de Wesley possibilita a Tuneu o confronto com suas imagens internas e uma informação mais *pop*, uma visão mais livre. Através de sua obra instala-se a dualidade que Tuneu concretiza em pintura.

As Bienais ampliam seu repertório e permitem que ele defina suas afinidades estéticas. E, executando o trabalho de Willys e Barsotti, conhece o mergulho profundo no processo de outros e o diálogo interno entre obras já maduras.

São muitos os mestres e muitos os níveis de aprendizado.

Suas palavras indicam, no entanto, que o caminho não terminou e que o artista, o outro dentro dele, está aberto aos outros de outros. Numa iniciação permanente, como uma espiral que não conhece o seu fim.

REFERÊNCIAS BIBLIOGRÁFICAS

1. GULLAR, F. – *Etapas da arte contemporânea*, São Paulo, Nobel, 1985, p. 53.
2. REVISTA VEJA, O filho da Bienal, São Paulo, Abril Cultural, 16/06/1971, p. 78.
3. AMARAL, A. (org) – *O projeto construtivo brasileiro na arte (1950-1962)*, Rio de Janeiro, Museu de Arte Moderna, São Paulo, Pinacoteca do Estado, 1977, p. 15.
4. JAFFÉ, A. – *O mito do significado na obra de C.G. Jung*, São Paulo, Cultrix, 1989, p. 66.
5. JUNG, C.G. – *Tipos Psicológicos*, Rio de Janeiro, Zahar, 1976, p. 342.
6. JAFFÉ, Op. cit., 1989, p. 68.
7. KLEE, P. – *Diários*, São Paulo, Martins Fontes, 1990, p. 348.
8. ARHEIM, R. – *Intuição e intelecto na arte*, São Paulo, Martins Fontes, 1989, p. 59.
9. JUNG, C.G. – *O espírito na ciência e na arte*. Petrópolis, Rio de Janeiro, Vozes, 1985, p. 89.
10. GULLAR, Op. cit., 1985, p. 77.
11. AMARAL, Op. cit., 1977, p. 32.
12. AMARAL, Idem, p. 40.
13. GULLAR, Op. cit., 1985, p. 131.
14. MICHELI, M. – *As vanguardas artísticas*, São Paulo, Martins Fontes, 1991, p. 96.
15. MICHELI, Idem, p. 95.
16. MICHELI, Idem, p. 100.
17. PONTUAL, R. – A partir do desenho, *Jornal do Brasil*, Rio de Janeiro, 27/3/1975.
18. AZEVEDO, L. C. – A Abstração lírica de Tuneu, *Última Hora*, São Paulo, 13/02/72, p. 10.
19. ÚLTIMA HORA – Tuneu, o lirismo de um pintor romântico, São Paulo, 23/02/72, p. 5.
20. FOLHA DE S. PAULO – A disfunção do relógio de sol segundo Tuneu, São Paulo, 15/09/83, p. 29.
21. LEVI, L. – Geometria e cor na obra de Tuneu, *Vogue*, ano X, n° 111, outubro de 1984, São Paulo.
22. GONÇALVES FILHO, A. – Gabinete abre com trabalhos de Willys e Barsotti, *Folha de S. Paulo*, 08/11/88, p. 10.
23. ARAÚJO, O.T. – Espíritos clássicos, *Isto É*, São Paulo, Editora 3, 05/10/83, p. 6.
24. GONÇALVES FILHO, op. cit.

mestre

> Mestre não é quem ensina,
> mas quem de repente aprende.
>
> *Guimarães Rosa*

O discípulo agora é mestre. O artista deixa seu ateliê e entra na escola para partilhar suas riquezas, numa época carente de generosidade.

Entrando na escola, Tuneu traz consigo sua vivência de artista, fruto de seu percurso pessoal. E, em 1992, quando escreve sobre sua experiência de ensino, percebemos que nela imprime a mesma dinâmica de dualidades que persegue em sua obra:

Quando o artista é instalado no edifício da escola, se instala a dinâmica do espírito e da matéria, do céu e da terra, do sol e da lua, do pai e da mãe, do masculino e do feminino, material difícil de lidar num mundo tão unilateral e materialista, porém, este 'toque' que parece mágica não é nada mais que 'alquimia'. Alquimia feita com pincel e tinta sobre o suporte clássico retangular, onde o importante é a expressão do espírito individual e único, mais a bagagem pessoal de cada um, adulto ou criança. Quando o aluno sintoniza esta freqüência desencadeada pelo 'professor' não se fala mais, está estabelecida a troca (...) O artista se cumpre naquele que é, não necessariamente em quem pensamos ser. Isto quem elabora é o tempo.[1]

Para observar esta experiência de ensino, do ponto de vista do aprendiz, procurei ouvir também o depoimento de Sueli Bonfim, jovem artista que Tuneu destaca como discípula, e que vem desenvolvendo seu trabalho com aquarela.

A eloqüente simplicidade do discurso de Sueli confirma algumas das questões que vim perseguindo ao longo deste trabalho:

Desde criança eu sempre quis trabalhar com arte, mas tive que trabalhar muito cedo... Eu tive um caminho muito difícil na minha vida. Eu tive que trabalhar muito para ajudar minha mãe, porque o meu pai faleceu quando eu tinha nove anos...

Desenhava com freqüência quando era criança, e o meu pai me incentivava. Ele sempre achava bonito e dizia que eu ia ser uma grande desenhista quando crescesse. Mas aí aconteceu tudo isso, e eu tive que trabalhar fora — e muito. Trabalhava em supermercado, em loja, em banco. Então, não tive mais tempo para desenhar. E sempre alguém me dizia que desenhar não dava dinheiro, que eu não devia ir por este caminho. Fui me desligando. Mas sempre na minha consciência estava presente e, depois dos 25 anos, resolvi fazer a faculdade porque tive condições para fazer.

Lembro que era criança quando passei em frente da Belas Artes e entrei para ver como era, porque achei linda aquela escola. E até perguntei, muito ingênua, como se fazia para entrar naquela escola, porque eu queria participar. A moça foi muito simpática, porque — imagine — eu era uma criança, e ela disse que, primeiro, eu tinha que fazer o colégio. Esta lembrança ficou...

Só comecei a me soltar na pintura quando, em 1990, passei a trabalhar na EMIA de Santo André, com o Tuneu. Antes, ninguém nunca havia me dado esta oportunidade: nem na faculdade, nem em qualquer outro lugar.

Não conheci o Tuneu artista. Conheci o Tuneu super-humano. Somente depois conheci o seu trabalho. Somente depois conheci o artista.

Ele é muito importante para mim: permitiu que eu fizesse o meu trabalho, me deu a oportunidade de fazer o que eu realmente queria. Antes, ninguém havia me dado esta oportunidade.

Sempre quis pintar. Antes de começar a trabalhar com arte, eu via aulas de pintura em vidro, telinhas. Mas estas coisas não me interessavam.

Era engraçado, porque eu sempre queria mais. Se eu fosse fazer um curso eu queria sempre o melhor. Daí fui fazer faculdade. Pensava que a faculdade seria melhor do que estes cursos...

Sempre quis desenhar; eu penso que a pintura vem depois. Agora estou abstracionando tudo. Está tudo mudando no meu trabalho.

Quando comecei a estagiar na EMIA, não conhecia o Tuneu. Nem sei como fui ser estagiária dele. Não sei. Creio que foi uma coincidência.

Eu também era estagiária de outros professores e, de repente, estava trabalhando junto ao Tuneu. Fui percebendo como ele era comigo, e o universo que ele estava me abrindo... Estava me dando a oportunidade de eu fazer o meu trabalho.

Tivemos uma relação muito boa na EMIA, e eu aprendi muita coisa.

Apesar de ter continuado sendo estagiária de outros professores, acredito que o Tuneu me ajudou mais: teve mais paciência comigo, se aprofundou mais. Aconteceu também que tenho fascinação pela aquarela. Sempre ouvia dizer que aquarela é muito difícil de trabalhar. Mas pensei: 'é um desafio, eu vou aprender, eu quero aprender'. E comecei a pesquisar e o Tuneu começou a me ajudar.

Daí, comecei a fazer aquarelas em casa, e levava para ele ver. Algumas, eu escondia... Foi quando ele me deu a oportunidade de ir ao seu ateliê. Na sala de aula da EMIA, eu quase não desenhava, porque eu não queria atrapalhar o trabalho dos alunos. E como aquarela era um material que os alunos não usavam, eu procurava pintar em casa e levava para ele ver. E também, para mim, é muito difícil trabalhar na frente de outras pessoas. Gosto de trabalhar sozinha. Fiz aquarela no ateliê do Tuneu com outras pessoas, uma única vez. Na EMIA não.

Na EMIA eu observava as aulas e procurava nunca interferir. Mas observava bem o Tuneu trabalhando e cuidando dos alunos. Achava fantástico.

Ele analisava os alunos meio de longe, procurava ver qual era a dificuldade do momento e ajudava. Mas deixava a pessoa superlivre, e isto era legal. Como acreditava que o meu trabalho era deixar tudo em ordem, não trabalhei muito durante as aulas. Até comentei isso com ele: 'Puxa, Tuneu! acho que eu não fiz muita coisa na EMIA!'.

Na verdade, eu fiz — apesar de não ter desenhado muito. Meu trabalho ficou muito diferente depois que passei a estagiar na EMIA. Tudo aconteceu ali. Comecei a pintar mesmo em 90, quando já estava trabalhando lá. Minha primeira exposição foi em 1991: tudo partiu dali. Penso que tinha que acontecer esta interferência do Tuneu, esta convivência com ele. Senão, eu nunca iria conseguir muita coisa. Falta nas pessoas esta coisa de se dar, de se permitir. Antes, ninguém havia feito isso por mim...

No início, acreditei que ainda não era o momento de expor. Fui pelo Departamento de Cultura, da Prefeitura de Santo André, para expor em 91 — não sei bem a data. Eles conheciam o meu trabalho: alguma coisa já estava acontecendo.

Isso foi em janeiro e, em abril, participei do Salão de Arte de Santo André. Estava melhorando — pensei. Logo depois, fui convidada a expor na reabertura do cine-Teatro Carlos Gomes, no final de 1992.

Comecei a pensar: 'acho que esta coisa toda me ajudou. Não sei analisar o meu trabalho, mas se as pessoas estão pedindo é porque...'

Adoro trabalhar. Paixão mesmo. E agora estou tendo esta oportunidade, aos 30 anos. Então, eu não estou perdendo mesmo. Eu pinto. Procuro pintar em casa. Geralmente, à noite, quando estou tranqüila e não tem ninguém me atrapalhando.

Já tenho uma produção e quero continuar. Não quero parar, porque estou fazendo o que eu quero fazer. Mas não sei o que vai acontecer, porque eu dependo de mim: eu tenho que trabalhar para me manter e o material é muito caro...

Agora, que terminou meu contrato de estágio, estou numa expectativa. Não quero me ocupar todos os dias com um trabalho, porque senão não vou poder pintar: se eu arrumar um emprego, continuo o meu trabalho. Senão... É tudo muito caro. Na semana passada comprei papel. Gastei muito. É realmente estranho. Hoje em dia, procuro o melhor. Não consigo trabalhar com qualquer coisa, com qualquer papel. O material de aquarela é muito caro. Desde o pincel... então, me dá medo. Mas aprendi com o Tuneu a querer o melhor... Ele me deu a oportunidade de mostrar quem eu sou, e o que eu quero.

Ele não interferiu no meu trabalho. Foi percebendo o meu desenho e me ajudando em cima do que eu estava propondo.

Ele foi muito silencioso. — Nós fomos, não é? — E foi me ajudando.

Nunca interferiu. Só lhe mostrava o trabalho pronto. Aí, ele dava uma 'diquinha' ou outra — o que ele sentia. Às vezes, falava: 'Assim eu acho que já está pronto. Você nem precisa mexer mais'. Esse tipo de coisa.

Foram uns seis meses depois de eu estar estagiando em suas aulas, sem saber quem ele era, que o Tuneu me levou ao seu ateliê e me mostrou seu trabalho. Todo o seu trabalho daquela época.

Achei fantástico, muito lindo. E fiquei pensando como é o artista, a liberdade que o artista tem de se expressar... Como é importante a humildade... Isto faz com que ele seja uma pessoa grande, como artista e como pessoa. Gosto muito do Tuneu.

Não sei se eu escolhi o Tuneu ou ele me escolheu... Ele poderia ter escolhido outra estagiária... éramos duas no início... e, de repente, fiquei eu... Não sei o que ele pensa... Fica difícil falar...

Tínhamos muito contato na EMIA e fora. Ele me mostrou muita coisa, e não apenas no trabalho de pintura: me levou aos museus, exposições, vernissages, a vários lugares... Ele me levou muito ao teatro — e isso eu achei fantástico.

Antes eu passava na frente dos museus mas não entrava. Achava lindo, mas não entrava. Passava na frente do MASP à noite... Quando entrei na faculdade, os professores cobravam isso. Teria que ir e fazer relatório — que era uma cobrança. Mas não fui. Não tinha tempo. Naquela época eu era bancária: entrava às oito e saía às oito; chegava atrasada à faculdade. E o final de semana era terrível.

Na faculdade os professores cobram o que eles querem. Eles têm suas propostas. E isso não acho legal. Na minha sala havia 40 alunas que queriam ser professoras de educação artística: os professores passavam receitinhas. Era uma faculdade muito fraca, terrível. Só tive um professor de desenho, que gostava do meu trabalho. Nós nos dávamos superbem. Percebia que ele olhava o meu trabalho de uma forma especial. Foi o único. Mas ele também tinha a coisa de faculdade — tipo escola — que foge desta coisa do Tuneu de dar liberdade aos alunos... Chegava com exemplos, com sua proposta e, apesar de ter me ajudado um pouco, todo dia ele tinha uma proposta: 'Hoje vamos fazer isso ou aquilo...'

Com o Tuneu foi diferente. **O Tuneu foi o meu mestre porque ele acompanhou o meu trabalho.** Eu tive a **minha proposta**. Foi diferente dos professores. Com eles eu fazia a proposta deles e com o Tuneu eu fiz a minha proposta.

Eu o considero mestre, porque ele foi direto na ferida. E a minha ferida era a minha dificuldade de me soltar. Não conseguia me soltar nunca, achava que nunca ia fazer nada em pintura. Mesmo porque nunca tinha visto algo assim. Mesmo passando pela faculdade, com professores que cobravam — porque queriam que eu fizesse. Então foi difícil entender, logo de cara, o que eu tinha que fazer... Foi complicado, nossa! Mas valeu a pena porque consegui sarar esta ferida. Hoje não tenho problema.

Creio que foi tão complicado e tão demorado porque sou muito fechada e dificilmente eu conseguia falar o que eu queria fazer. E o Tuneu teve toda a paciência de esperar que eu me manifestasse. De uma forma ou de outra, ele dava uma cobradinha: 'E aí! Você não vai fazer nada?!'.

Mas, quando mostrei os primeiros projetos... — lembro que eu mostrei uns projetos para ele depois de um tempo que nós estávamos trabalhando juntos — ele gostou muito. Até relacionou estes meus projetos com o trabalho da Georgia O'Kieffe, e me deu aquele livro maravilhoso sobre ela. A partir daí, ele foi me ajudando e me cutucando mesmo para eu fazer o que eu queria. 'O que você quer afinal?', acho que ele se perguntava. Então, eu comecei a trabalhar. Acredito que foi a partir daí que realmente pensei em produzir este tipo de coisa que estou tentando desenvolver como projeto. Ele foi mestre por isso. Ele me deu a oportunidade. Ele me deu essa abertura. É isso...

Sempre penso que tenho que fazer mais, pois o meu trabalho é ainda um bebezinho e tem muita coisa para acontecer ainda. É muito cedo... em dois anos, de repente, aconteceu tudo isso!...

Nunca imaginei que fosse chegar a este ponto! Nunca pensei que um dia fosse montar a minha exposição na EMIA. Para mim foi a coisa mais importante, pois tem toda uma história.

Depois que comecei a trabalhar na EMIA, lembro de ter assistido várias palestras de artistas falando do seu próprio trabalho. Passei a visitar ateliês aqui em Santo André, e fui pegando um pouquinho dali e de lá... Mas o Tuneu continua em primeiro lugar...

É isso o que eu quero. Mas tem uma coisa que eu aprendi com ele que é a ordem. O meu trabalho não está muito borrado — você entende?

Mas é uma linguagem minha, bem diferente da dele. Não sei... Trabalhei muitos anos com cálculos no banco, e acho que não queria trabalhar assim...

E o Tuneu é o Tuneu. Ele tem um trabalho muito bonito, sem dúvida. Seria ruim se o meu trabalho fosse como o dele. Ia ser muito complicada a minha vida. Iam dizer que eu pintava como o Tuneu.

Não tem que ser assim, e ele sabe disso. Cada um é cada um. Isso aprendi logo no início do trabalho com ele. Tanto é verdade que só foi me mostrar seu trabalho bem depois... Imagine se estivesse trabalhando com ele e, logo de cara, olhando um trabalho dele?!

Eu gostava de observar a relação dele com os alunos... Era um pai para todos. Sempre muito carinhoso com as crianças e também com os adultos. Muito atencioso, as pessoas o procuravam com um problema e ele resolvia. Se eles queriam conhecer um artista, ele levava um livro e mostrava...

Às vezes levava vários livros de artistas com desenhos totalmente diferentes e tentava mostrar que esta coisa de perfeição não existe. Tentava tirar esta idéia da cabeça dos alunos, mostrando artistas com estilos diferentes. Isso era muito legal.

Quando uma pessoa tinha uma dúvida sobre um céu, ele fazia um céu em outro papel e dizia: 'O meu céu é assim; eu não sei se o seu é assim...'

Tenho quase certeza que todos se sentiam muito à vontade para fazer o que queriam. E ele ficava ali analisando o trabalho de cada um, sentindo onde estava a dificuldade, onde poderia ajudar, e como.

Levava livros e deixava na mesa para os alunos olharem. Geralmente as pessoas ou desenhavam, ou olhavam os livros... Era superlegal.

Cada semana era uma época: impressionismo, expressionismo... e ele ia mostrando sem muito comentário. E deixava os livros na mesa — quem quisesse, olhava. Eu sempre olhava tudo.

Aprendi muito assim. Diferentemente da faculdade, onde existe a preocupação de fazer isto ou aquilo, sempre correndo. Ali, com o Tuneu, eu fazia porque eu queria. Eu queria ver, porque eu queria saber. Ele me explicava muita coisa que eu precisava saber e, assim, me ajudou muito.

Nunca imaginei que alguém fosse se importar comigo — hoje ninguém tem tempo para ninguém.

Aprendi muita coisa com ele e devo muito a ele. Fica difícil fazer um resumo de tudo. Para mim foi um susto porque antes, ninguém fez isto comigo.

Sinto que eu tenho que continuar procurando porque tenho que crescer.

Houve um momento em que ele disse que o meu trabalho já era uma coisa minha mesmo, que não estava tão próximo do trabalho de Georgia O'Kieffe.

Quando ele me deu o livro da Georgia, foi porque achou que o meu trabalho tinha muito a ver com o dela. Mas logo fui percebendo onde estavam os meus traços no trabalho dela. Eu vi e revi o livro várias vezes. E outras coisas dela. Muitas coisas. Engraçado: tem sempre um detalhe dela que tem a ver com a linha do meu desenho. Não é o desenho inteiro: uma relação num cantinho, alguma coisa que eu acho fantástica. Não sei... Vamos ver o que vai acontecer futuramente...

Acompanhando a fala de Sueli, observamos que a conduta de Tuneu-mestre dá continuidade às lições de Tarsila: o mesmo silêncio, o mesmo tempo de espera para que o processo do outro se anuncie, e se cumpra na plenitude de suas possibilidades; a mesma delicadeza, a mesma atitude ética e a coragem de acreditar na liberdade.

Sueli sente-se confirmada em sua individualidade, pelo acolhimento atento que Tuneu lhe proporciona.

Tuneu revela a Sueli o caminho que ela já estava traçando e não percebia, apresentando-lhe a pintura de Georgia O'Kieffe. E, ao mesmo tempo, sem imposição, responsabiliza-a pelo seu próprio projeto.

Ouvindo a fala de Sueli e tendo acompanhado, de perto, os três anos do trabalho de Tuneu na EMIA, penso na imagem que Barthes cria para sua *aula*, comparando o ensino a uma área de jogo, que a criança tece em torno da mãe.

Gostaria pois que a fala e a escuta que aqui se trançarão fossem semelhantes às idas e vindas de uma criança que brinca em torno da mãe, dele se afasta e depois volta, para trazer-lhe uma pedrinha, um fiozinho de lã, desenhando assim ao redor de um centro calmo toda uma área de jogo, no interior da qual a pedrinha ou a lã importam finalmente menos que o *dom cheio de zelo que deles se faz. Quando a criança age assim, não faz mais do que desenrolar as idas e vindas de um desejo, que ela apresenta e representa sem fim.*²

Assim Tarsila ensinou Tuneu. E, assim também, Tuneu ensinou seus alunos: criando em torno de si um centro de calma, onde o desejo de cada um encontrasse, ao longo de idas e vindas, a sua própria expressão.

Sueli assinala, ainda, o quanto Tuneu possibilitou a ampliação do seu repertório cultural, através dos livros, exposições e teatros que compartilhou com ela. Abrindo-a, desse modo, para o prazer de um conhecimento, que ela desconhecia como estudante universitária.

Nas entrelinhas do discurso de Sueli pressentimos as mesmas palavras com que Tuneu concluiu o seu: *Esta gente me ensinou a ser livre...*

Chego ao final da narrativa, embora a história continue.

O artista que se tornou professor durante a experiência que registramos na EMIA, encontrou outros alunos, em outros espaços, e prossegue na sua aventura de despertar o desenho-desejo.

A discípula inicia-se como professora. Virá a ser mestra? A resposta dará o tempo. A história de iniciação que acompanhei revelou-me uma forma de relação mestre-discípulo regida pelo respeito e pela liberdade de ser.

Observei um processo de **tornar-se outro** através do outro, num relacionamento que não é da ordem da dominação, nem da subordinação, mas sim da ordem do **reconhecimento do outro enquanto outro**.

O fio que une as diversas histórias desta história é o da generosidade.

Na relação de Tarsila com Tuneu observei a profunda generosidade que compartilha o saber sem reservas, que se alegra com as conquistas do outro e reconhece nele o direito de ser diferente. Uma relação que não conhece superior-subordinado, mas *colegas de trabalho*.

Ao reconhecer o artista no adolescente, Tarsila reconhece o igual e a relação se funda numa amizade superior aos papéis reconhecidos de mestra e discípulo.

Mais tarde, Tuneu conhece a mesma generosidade quando Wesley, Aldemir Martins e Walter Lévy o recebem em seus ateliês e compartilham com ele seus trabalhos.

O modelo arquetípico do coexistir é o da fraternidade, onde cada um procura o outro para, juntos, construírem um mundo significante.[3]

Fazendo os trabalhos de Willys e Barsotti, Tuneu encontra a oportunidade de mergulhar na criação de outros e, também, a oportunidade que Montaigne reconhece como a maior que um amigo pode oferecer a outro: a possibilidade de ser generoso.[4]

No encontro com Sueli a história se repete. O discípulo que agora é mestre transfere para a aprendiz as mesmas lições de silêncio e paciência ante o gesto que se esboça no papel, a cor que manifesta-se com maior ou menor intensidade, anunciando a forma do desejo que virá a ser pintura.

Ensina-lhe a submissão do artista à obra que o irá iniciar.

À maneira de sua mestra, acolhe com a mesma generosidade os projetos que se anunciam e, repetindo o seu modelo, dá continuidade à sua ação, projetando uma ponte na História.

O artista se cumpre naquele que é — lembra Tuneu e — *isto quem elabora é o tempo.*

REFERÊNCIAS BIBLIOGRÁFICAS

1. TUNEU – Impressões do artista professor, in O alfabeto pegou (documento inédito da Secretaria de Educação, Cultura e Esportes da Prefeitura Municipal de Santo André), 1992.

2. BARTHES, R. – *Aula*, São Paulo, Cultrix, 1980, p. 43.

3. WAHBA, L. L. – Mano, um ensaio sobre o amor fraterno, *Junguiana*, nº 11, São Paulo, Editora Palas Atenas, p. 14.

4. MONTAIGNE, M. E. – *Ensaios*, São Paulo, Abril Cultural, 1980, p. 95.

epílogo e agradecimentos

Conta uma lenda antiga que um aprendiz — deslumbrado com os conhecimentos de um velho mestre — pede para ser por ele iniciado. Depois de ouvir seu pedido, o velho responde:

Pensas que um mestre é quem pode fazer tudo. Assim também pensei. Acontece com todos nós. E a verdade é que o poder real de um homem aumenta e o seu conhecimento alarga-se, enquanto o caminho que ele deve percorrer se estreita, até que por fim ele nada escolhe mas faz única e absolutamente o que tem de fazer...

Assim é o caminho que nos conduz à criação de uma obra. No início imaginamos inúmeras possibilidades, porém a obra por fazer nos conduz a uma estreita passagem que precisamos atravessar sozinhos, se quisermos conhecer a plenitude de sua forma final.

É assim que a obra inicia aquele que se aventura a criá-la.

Ao me propor a tarefa de observar um processo de iniciação, fui envolvida pelo arquétipo, capturada pelo mito.

E, à maneira dos mitos, enfrentei o dragão do medo e da impotência diante do papel em branco, a solidão da descida às profundezas, mas tive também a felicidade de encontrar figuras luminares que, em cada curva do caminho, estavam prontas a apoiar o passo seguinte.

180 TUNEU, TARSILA E...
ana angelica albano

Chegando ao final do percurso, tenho ainda a sensação que talvez pudesse ter ido mais longe, ou penetrado mais fundo. Porém Cronos, o Senhor do Tempo, é rigoroso e inflexível, mas sábio. Pois, se limita os graus de liberdade, são estes limites que ajudam a conter a forma.

Esta é a forma a que cheguei em setembro de 1997. Uma versão ligeiramente reduzida da forma original apresentada como tese de doutorado ao Instituto de Psicologia da USP em março de 1995.

A intenção continua sendo a mesma do princípio: levantar questões que auxiliem a reflexão sobre o ensino da arte, sem conclusões definitivas, deixando em aberto o espaço para os que quiserem seguir a jornada...

Foram meses de convivência diária com Tuneu, Tarsila e os outros mestres, que acabaram tornando-se também meus mestres, auxiliando-me a encontrar os caminhos que o texto a ser escrito exigia.

E a generosidade que permeou os relacionamentos destes artistas acabou por envolver este trabalho, atraindo o gesto generoso de outros amigos.

É hora de agradecer cada gesto, cada palavra:

Ao Tuneu, pela generosa disponibilidade em se entregar a este projeto.

Ao mestre Sandor, pelas leituras de Jung e de outros mestres...

Ao João Augusto Frayze-Pereira, pela orientação sensível e exigente com que me ajudou a encontrar e aprofundar o meu tema.

A Ligia Assumpção Amaral, amiga de todas as horas.

Ao Tomás Brene, pelo auxílio na viabilização da pesquisa.

A Sueli Bonfim, pelos depoimentos.

Ao Lino de Macedo, que me estimulou a seguir além do mestrado.

Ao CNPQ, pelo apoio financeiro à pesquisa.

Aos amigos que souberam dar o apoio necessário no momento preciso e, em especial, a Ester Broner, Marcia Regina Andrade, Maira Tanis, Julio Cesar Tavares Moreira e Edmir Perrotti.

Ao Evandro Carlos Jardim, Renina Katz, Ivani Fazenda e Arakcy Martins Rodrigues — primeiros interlocutores — pela leitura sensível e estimulante.

Ao Eduardo Albano Moreira, pela paciente cumplicidade durante todo o processo de criação e pela digitação do texto final.

Aos meus pais — Gustavo Albano e Maria Angélica Medeiros Albano — que souberam alimentar o meu prazer pelo conhecimento.

...E, neste inverno de 1998, minha especial gratidão ao amigo Alipio Freire, que me presenteou com o desenho que transformou o texto em livro...

ana angélica albano
São Paulo, julho de 1998

BIBLIOGRAFIA

ALBANO MOREIRA, A. A. – *O espaço do desenho: A educação do educador*, São Paulo, Loyola, 1984.

ALBANO MOREIRA, A. A. – Partilhar a ação: a experiência da Escola Municipal de Iniciação Artística, *Revista da Associação Católica do Brasil*, São Paulo, 1990.

AMARAL, A. (org) – *O projeto construtivo brasileiro na arte* (1950-1962), Rio de Janeiro, Museu de Arte Moderna, São Paulo, Pinacoteca do Estado, 1977.

AMARAL, A. – *Tarsila, sua obra e seu tempo*, São Paulo, Perspectiva, v.I, 1975.

ANDRADE, C. D. – A educação do ser poético, *Revista Arte e Educação*, nº. 15, Outubro 1974, São Paulo.

ANDRADE, M. – *O baile das 4 artes*, São Paulo, Livraria Martins Editora, 1963.

ARHEIM, R. – *Intuição e intelecto na arte*, São Paulo, Martins Fontes, 1989.

BACHELARD, G. – *A poética do devaneio*, São Paulo, Martins Fontes, 1988.

BACHELARD, G. – *A poética do espaço*, (Os pensadores), São Paulo, Abril Cultural, 1978.

BACHELARD, G. – *O direito de sonhar*, São Paulo, Difel, 1986.

BACHELARD, G. – *O ar e os sonhos*, São Paulo, Martins Fontes, 1990.

BASTIDE, R. – Introdução a dois estudos sobre a técnica das histórias de vida, *Sociologia*, vol XV, nº. 1, São Paulo, março de 1953.

CAMPBELL, J. – *A extensão interior do espaço exterior – a metáfora como mito e religião*, São Paulo, Campus, 1991.

CAMPBELL, J. – *As transformações do mito através do tempo*, São Paulo, Cultrix, 1993.

CAMPBELL, J. – *O herói de mil faces*, São Paulo, Cultrix, 1993.

CAMPBELL, J. – *O poder do mito*, São Paulo, Editora Palas Athenas, 1990.

CAPRA, F. – *O tao da física*, São Paulo, Cultrix, 1992.

CAVALCANTI, R. – *O casamento do sol com a lua: uma visão simbólica do masculino e do feminino*, São Paulo, Cultrix, 1988.

CHEVALIER, J. & GHEERBRANT, A. – *Diccionario de los símbolos*, Barcelona, Editorial Herder, 1988.

DAVID-NÉEL, A. – *Iniciações tibetanas*, S.P., Pensamento, s/d.

DUKE LEE, W. – *As sombras ações*. Uma Exposição de Wesley Duke Lee. Realista Mágico dito Arkadim d'y Saint Amèr, Galeria Luiza Strina, 1976.

ELIADE, M. – *El chamanismo y la técnicas arcaicas del éxtasis*, México, Fondo de Cultura Econômica, 1960.

ELIADE, M. – *Mito do eterno retorno*, São Paulo, Mercuryo, 1992.

ELIADE, M. – *Origens*, Lisboa, Edições 70, 1989.

ELIADE, M. – *Tratado de historia de las religiones*, México, Ediciones Era S.A., 1972.

ESCOBEDO, J. C. – *Diccionario enciclopédico de la mitología*, Barcelona, Editorial De Vecchi S. A., 1985.

FOUCAULT, M. – *El ordem del discurso*, Barcelona Tusquets, 1980.

FRAYZE-PEREIRA, J. A. – A criação trágica: Van Gogh, in VIRGOLIN, A. M. R. & ALENCAR, E. M. (org) – *Criatividade: expressão e desenvolvimento*, Petrópolis, Rio de Janeiro, Vozes, 1994.

GOMBRICH, E. H. – *A história da arte*, Rio de Janeiro, Zahar, 1985.

GUGGENBUHL – O relacionamento terapêutico na visão da psicologia analítica de C.G. Jung, in Battegay-Trenkel – *O relacionamento terapêutico na visão das diferentes escolas psicoterapeuticas*, Stuttgart, Hans Huger, 1978 (adaptação para estudos críticos, em apostila do Centro de Integração e Desenvolvimento, tradução do prof. Pethõ Sandor).

GUINSBURG, G. K. & GOLDFARB, J. L. (org.) – *Mário Schenberg: Entre-Vistas*, São Paulo, Perspectiva, 1984.

GULLAR, F. – *Etapas da arte contemporânea*, São Paulo, Nobel, 1985.

GULLAR, F. – *Sobre arte*, Rio de Janeiro, Avenir Editora e Palavra e Imagem Editora, 1983.

HESSE, H. – *Transformações*, Rio de Janeiro, Editora Record, s/d.

HILLMAN, J. – *Psicologia arquetípica*, São Paulo, Cultrix, 1992.

HILLMAN, NEUMANN, STEIN, VITALE, VON DER HEYDT – *Pais e mães, seis estudos sobre o fundamento arquetípico da psicologia da família*, São Paulo, Símbolo, 1979.

HOELLER, S. – *A gnose de Jung e os sete sermões aos mortos*, São Paulo, Cultrix, 1990.

HUMBERT, E. G. – *Jung*, São Paulo, Summus Editorial, 1985.

I Ching, o livro das mutações, (traduzido por Richarch Wilhelm para o alemão, e Gustavo A.C. Pinto para o português), São Paulo: Editora Pensamento, 1983.

JACOBY, M. – *O encontro analítico*, São Paulo, Cultrix, 1987.

JAFFÉ, A. – *O mito do significado na obra de C.G. Jung*, São Paulo, Cultrix, 1989.

JUNG, C. G. – *O desenvolvimento da personalidade*, Petrópolis, Rio de Janeiro, Vozes, 1981.

JUNG, C. G. – *O homem e seus símbolos*, Rio de Janeiro, Editora Nova Fronteira, 1977.

JUNG, C.G. – *A dinâmica do inconsciente*, Petrópolis, Rio de Janeiro, Vozes, 1984.

JUNG, C.G. – *Memórias, sonhos e reflexões*, Rio de Janeiro, Nova Fronteira, 1965.

JUNG, C.G. – *O espírito na ciência e na arte*, Petrópolis, Rio de Janeiro, Vozes, 1985.

JUNG, C.G. – *O eu e o inconsciente*, Petrópolis, Rio de Janeiro: Vozes, 1978.

JUNG, C.G. – *Psicologia do inconsciente*, Rio de Janeiro, Vozes, 1978.

JUNG, C.G. – *Psicologia e Alquimia*, Petrópolis, Rio de Janeiro, Vozes, 1990.

JUNG, C.G. – *Psicologia e religião oriental*, Petrópolis, Rio de Janeiro, Vozes, 1982.

JUNG, C.G. – *Símbolos da transformação*, Petrópolis, Rio de Janeiro, Vozes, 1986.

JUNG, C.G. – *Tipos psicológicos*, Rio de Janeiro, Zahar, 1976.

KLEE, P. – *Diários*, São Paulo, Martins Fontes, 1990.

KRIS E. & KURZ, O. – *Lenda, mito e magia na imagem do artista*, Lisboa, Editorial Presença, 1988.

KRIS, E. – *Psicanálise da arte*, São Paulo, Brasiliense, 1968.

MAIR, L. – *Introdução à antropologia social*, Rio de Janeiro, Zahar Editores, 1972.

MCGUIRE, W. e HULL, R.G. – *C.G. Jung, entrevistas e encontros*, São Paulo, Cultrix, 1982.

MERLEAU-PONTY, M. – *A dúvida de Cézanne*, in Textos Escolhidos, São Paulo, Cultrix, 1980.

MERLEAU-PONTY, M. – *A linguagem indireta e as vozes do silêncio*, in Textos selecionados, São Paulo: Abril Cultural, 1980.

MICHELI, M. – *As vanguardas artísticas*, São Paulo, Martins Fontes, 1991.

MIRÓ, J. – *A cor dos meus sonhos: entrevistas com Georges Raillard*, São Paulo, Estação Liberdade, 1992.

MONTAIGNE, M. E. – *Ensaios*, São Paulo, Abril Cultural, 1980.

MULLER, L. – *O herói*, São Paulo, Cultrix, 1992.

NICHOLS, S. – *Jung e o tarô – uma jornada arquetípica*, São Paulo: Cultrix, 1988.

OSTROWER, F. – *Por que criar?*, Fazendo Artes, nº. zero, Funarte, Rio de Janeiro, 1983.

PAREYSON, L. – *Os problemas da estética*, São Paulo, Martins Fontes, 1984.

PERERA, S. B. – *Caminho para a iniciação feminina*, São Paulo, Edições Paulinas, 1985.

PIAGET, J. – A educação artística e a psicologia da criança, *Revista de Pedagogia*, nº. XXX, 1º. semestre, 1966.

PICCHIA, M. – *A semana revolucionária*, São Paulo, Campinas: Pontes Editores, 1992.

PONTUAL, R. – *Dicionário das artes plásticas no Brasil*, Rio de Janeiro, Editora Civilização Brasileira, 1969.

QUEIROZ, M. J. P. – Histórias de vida e depoimentos pessoais, *Sociologia*, vol. XV, nº. 1, São Paulo, março de 1953.

READ, H. – *A história da pintura moderna*, São Paulo, Círculo do Livro, s/d.

READ, H. – *A redenção do robô*, São Paulo, Summus Editorial, 1986.

RILKE, R. M. – *Cartas a um jovem poeta*, Porto Alegre, Editora Globo, 1978.

RODRIGUES, A. M. – *Instruções para entrevista*, apostila do curso: Indivíduo, grupo e sociedade, pós-graduação – Psicologia Social, USP, 1990.

SANDFORD, J. A. – *Os parceiros invisíveis*, São Paulo, Edições Paulinas, 1987.

SCHENBERG, M. – *Diálogos*, São Paulo, Nova Stella Editorial, 1985.

SCHURÉ, E. – *Hermes*, São Paulo, Martin Claret Editores, 1986.

SILVEIRA, N. – *Imagens do inconsciente*, Rio de Janeiro, Alhambra, 1981.

SILVEIRA, N. – *Jung: vida e obra*, Rio de Janeiro, Paz e Terra, 1981.

SOLIÉ, P. – *Mitanálise junguiana*, São Paulo, Nobel, 1985.

STAUDE, J.R. – *O desenvolvimento adulto de C.G. Jung*, São Paulo, Cultrix, 1988.

TEIXEIRA DA COSTA, C. (org.) *Antologia crítica sobre Wesley Duke Lee*, São Paulo: Galeria Paulo Figueiredo, 1981.

TEIXEIRA DA COSTA, C. – *Wesley Duke Lee*, São Paulo, Arte Brasileira Contemporânea, Instituto Brasileiro de Arte e Cultura, Banco do Brasil, 1992.

THIOLLENT, M – *Crítica metodológica, investigação social e enquete operária*, São Paulo, Editora Polis, 1982.

VAN GOGH, V. – *Cartas a Théo*, Porto Alegre, L&PM Editores, 1986.

VILLARES, L. – A Psicoterapia: um rito moderno de iniciação, Boletim de Psicologia Sociedade de Psicologia de São Paulo, v.XXXVIII, n.88/89, dez 1988.

WAHBA, L. L. – Mano, um ensaio sobre o amor fraterno, *Junguiana*, nº. 11, São Paulo, Editora Palas Atenas.

WISER, W. – *Os anos loucos: Paris na década de 20*, Rio de Janeiro, Livraria José Olympio Editora S. A., 1991.

ARTIGOS E ENTREVISTAS EM JORNAIS E REVISTAS SOBRE TUNEU

A TRIBUNA – "Tuneu faz sucesso na Arte Global", Santos, 23/2/75.

AFINAL – "Sobre a Mesa, uma obra de arte. Com assinatura.", São Paulo, 11 de setembro de 1984.

ARAÚJO, O.T. – "Espíritos clássicos", *Isto É*, São Paulo, Editora 3, 05/10/83, p. 6.

AZEVEDO, L. C. – "A abstração lírica de Tuneu", *Última Hora*, São Paulo, 13/2/75, p. 10.

BARAVELLI, L. P. – "Mim jornalista, horror vacui, ugh", *Folha de S. Paulo*, São Paulo, 29/11/1985, p. 54.

BARBOSA, A. & PASTA, P. – "Tuneu aprendendo com Tarsila", *Arte 10*, ano III, n°. 10, 1984, pp. 25 a 30.

BEUTEMMÜLLLER, A. – "Tuneu, da rígida geometria ao Abstrato Lírico", *Jornal do Brasil*, Rio de Janeiro, 24/2/75.

CASA VOGUE n°. 6 – "Luminárias de Tuneu no A Ronda Estúdio", São Paulo, 1984.

CORREIO BRASILIENSE – "Atelier", Brasília, 17/2/72.

CUNHA LIMA, J. – Museu da Calçada, Jornal Nacional, 13/2/72.

DIÁRIO DA NOITE – "Tuneu, o que você acha?", São Paulo, maio de 71.

FERRAZ, G. – "Aspectos da XI Bienal de São Paulo", *O Estado de São Paulo*, São Paulo, 12/9/71, p. 19.

FERRAZ, G. – "Desenho-colorido-abstrato-barroco", *O Estado de São Paulo*, São Paulo, 1971.

FOLHA DA TARDE – "Tuneu: a escolha da pintura", São Paulo, 3/3/75, p. 32.

FOLHA DA TARDE – "Mickey, o passado e a arte revistos nestas exposições", São Paulo, 1/9/78, p. 26.

FOLHA DE S. PAULO – "Uma exposição de artistas jovens", São Paulo, 7/4/73, p. 31.

FOLHA DE S. PAULO – "Nesta mostra, a última fase de Tuneu", São Paulo, 18/2/75.

FOLHA DE S. PAULO – "Quatro artistas e suas obras", São Paulo, 2/4/75.

FOLHA DE S. PAULO – "A disfunção do relógio de sol segundo Tuneu", São Paulo, 15/09/83, p. 29.

FOLHA DE S. PAULO – "APCA divulga os nomes dos premiados de 1984", São Paulo, 30/1/85.

GALVÃO, J. C. – "Prazer e emoção da cor na obra de Tuneu", *O Estado de São Paulo*, Caderno 2, São Paulo, 7/12/88, p. 3.

GALVÃO, J. C. – "Tuneu", *São Paulo VIP*, São Paulo, dezembro 93 / janeiro 94, p. 1.
GOES, M. – "Na pintura e no desenho, Tuneu preferiu o lirismo.", *Última Hora*, São Paulo, 5/11/74, p. 9.
GONÇALVES FILHO, A. – "Gabinete abre com trabalhos de Willys e Barsotti", *Folha de S. Paulo*, Ilustrada, São Paulo, 8/11/88, p. 10.
JORNAL DA TARDE – "Uma semana hoje? Ah, não", São Paulo, 19/4/71, p. 21.
JORNAL DA TARDE – "Não, não é fácil a arte do jovem Tuneu", São Paulo, 2/6/71.
JORNAL DA TARDE – "A noite de Tarsila", São Paulo, 10/8/71.
JORNAL DA TARDE – "Pare e olhe: você está em um museu", São Paulo, 17/1/72.
JORNAL DA TARDE – "Desenho, exposição e escultura", São Paulo, 4/2/72.
JORNAL DA TARDE – "A exposição só começa hoje, mas já é discutida: abstração ou hermetismo?", São Paulo, 10/4/73, p. 25.
JORNAL DA TARDE – "O MAM de Nova York amplia seu acervo. Com nossa arte.", São Paulo, 5/5/73, p. 14.
JORNAL DA TARDE – "Os quadros de Tuneu, líricos e caros", São Paulo, 19/2/75.
JORNAL DA TARDE – "Visuais", São Paulo, 22/10/84, p. 24.
JORNAL DA TARDE – "O panorama da arte brasileira / 88, em novo espaço", São Paulo, 15/11/88, p. 21.
JORNAL DA TARDE – "O JT recomenda", São Paulo, 9/12/88, p. 16.
JORNAL DE BRASÍLIA – "Nova fase de Tuneu", Brasília, 8/11/81, p. 12.
JORNAL DE BRASÍLIA – "Arte, hoje, é o menor dos assuntos", Brasília, 15/11/81, p. 6.
KLINTOWITZ, J. – "O encontro destes quatro jovens nunca poderia ser histórico. Só um tem talento", *Jornal da Tarde*, São Paulo, 27/4/73, p. 17.
KLINTOWITZ, J. – "Mickey Mouse, das histórias em quadrinhos para os desenhos críticos de Tuneu", *Jornal da Tarde*, São Paulo, 8/9/78, p. 11.
KLINTOWITZ, J. – "Tuneu, um artista que surpreende mesmo quando decepciona", São Paulo, 7/11/79, p. 19.
KLINTOWITZ, J. – "Uma apresentação irônica para uma mostra criativa", *Jornal da Tarde*, São Paulo, 7/4/80, p. 22.
KRÜSE, O. – "Descaminhos e mudanças da arte contemporânea", *O Estado de São Paulo*, Suplemento literário, São Paulo, 9/1/72, p. 5.
KRÜSE, O. – "Tuneu e Takaoka, duas mostras importantes nas artes visuais", *Jornal da Tarde*, São Paulo, 7/8/80, p. 17.
LEIRNER, S. – "No salto dos paraquedistas, uma aventura inútil da arte", *O Estado de São Paulo*, São Paulo, 3/9/78, p. 29.
LOURENÇO, J. C. – "Tuneu, o do sapato metafísico.", *Jornal da Tarde*, São Paulo, 6/9/77, p. 16.
MARIA SILVIA – "Mostra de Tuneu", *A Gazeta*, São Paulo, 7/2/72.
MARIA SILVIA – "A arte de Tuneu", *A Gazeta*, São Paulo, 18/2/75.
MARIA SILVIA – "Os sonhos de Mickey", *A Gazeta*, São Paulo, 1/9/78.
MARTINO, T. – "Programa duplo", *Jornal da Tarde*, São Paulo, 19/10/84.
MOLINA, A. J. – "Panorama Actual del Arte Brasileño", *Puerto Rico Ilustrado*, 1969, pp. 20/21.
N. F. – "Tuneu, rigor e precisão", *O Estado de São Paulo*, Caderno 2, São Paulo, 12/5/90, p. 3.
O ESTADO DE SÃO PAULO – "Salão jovem dá prêmio", São Paulo, 18/6/69.
O ESTADO DE SÃO PAULO – "Tuneu pinta e exprime vontades", São Paulo, 2/3/75, p. 30.
O ESTADO DE SÃO PAULO – "Tuneu, inspirado em Minas", São Paulo, 15/9/83, p. 17.
O ESTADO DE SÃO PAULO – "Entre as mostras de hoje luminárias e fotografias", São Paulo, 25/10/84, p. 24.
PEDROSO D'HORTA, A. – "Três artistas num ponto de encontro", *Jornal da Tarde*, São Paulo, 18/10/66.
PEDROSO D'HORTA, A. – "Três moços bem diferentes estão juntos", *Jornal da Tarde*, São Paulo, 1967.

PEDROSO D'HORTA, A. – "Coletiva de quatro jovens requintados", *O Estado de São Paulo*, São Paulo, 20/4/73, p. 6.

PONTUAL, R. – "A partir do desenho", *Jornal do Brasil*, Rio de Janeiro, 27/3/75.

REVISTA VEJA, "O filho da Bienal", São Paulo, Abril Cultural, 16/06/1971, p. 78.

TASSINARI, A. – "Paulo Figueiredo dá uma amostra do desenho moderno", *Folha de São Paulo*, Ilustrada, São Paulo, 7/2/88, p. 53.

TAVARES DE ARAÚJO, O. – "Sob controle", *Revista Veja*, Abril Cultural, São Paulo, 5/3/75, p. 95.

TRIBUNA DA IMPRENSA – "Um paulista na Petite Galerie", Rio de Janeiro, 23/3/75.

ÚLTIMA HORA – "Tuneu, o lirismo de um pintor romântico", São Paulo, 23/2/75, p. 5.

VELOSO, M. H. – "Tuneu aponta saída para construtivismo atual", *Folha de S. Paulo*, Ilustrada, 12/5/90, p. 8.

VIEIRA, J. G. – "Três jovens", *Folha de S. Paulo*, São Paulo, 21/7/67.

VON SCHIMIDT, C. – "Tuneu, vocação para o irremediável", *Folha de S. Paulo*, São Paulo, 14/8/80, p. 31.

ZANINI, I. – "Avanços e recuos de Aguilar, Yugo e Tuneu", *Folha de S. Paulo*, São Paulo, 26/8/80.

Esta obra foi composta em Berkeley Book
e Helvetica Light. A impressão, sobre papel
Top print 90gr/m², foi feita pela gráfica
Palas Athena para a Plexus Editora Ltda.
em São Paulo – outubro de 1998.